Inhalt

einleitung

taumond

ostara - tagundnachtgleiche

wonnemond

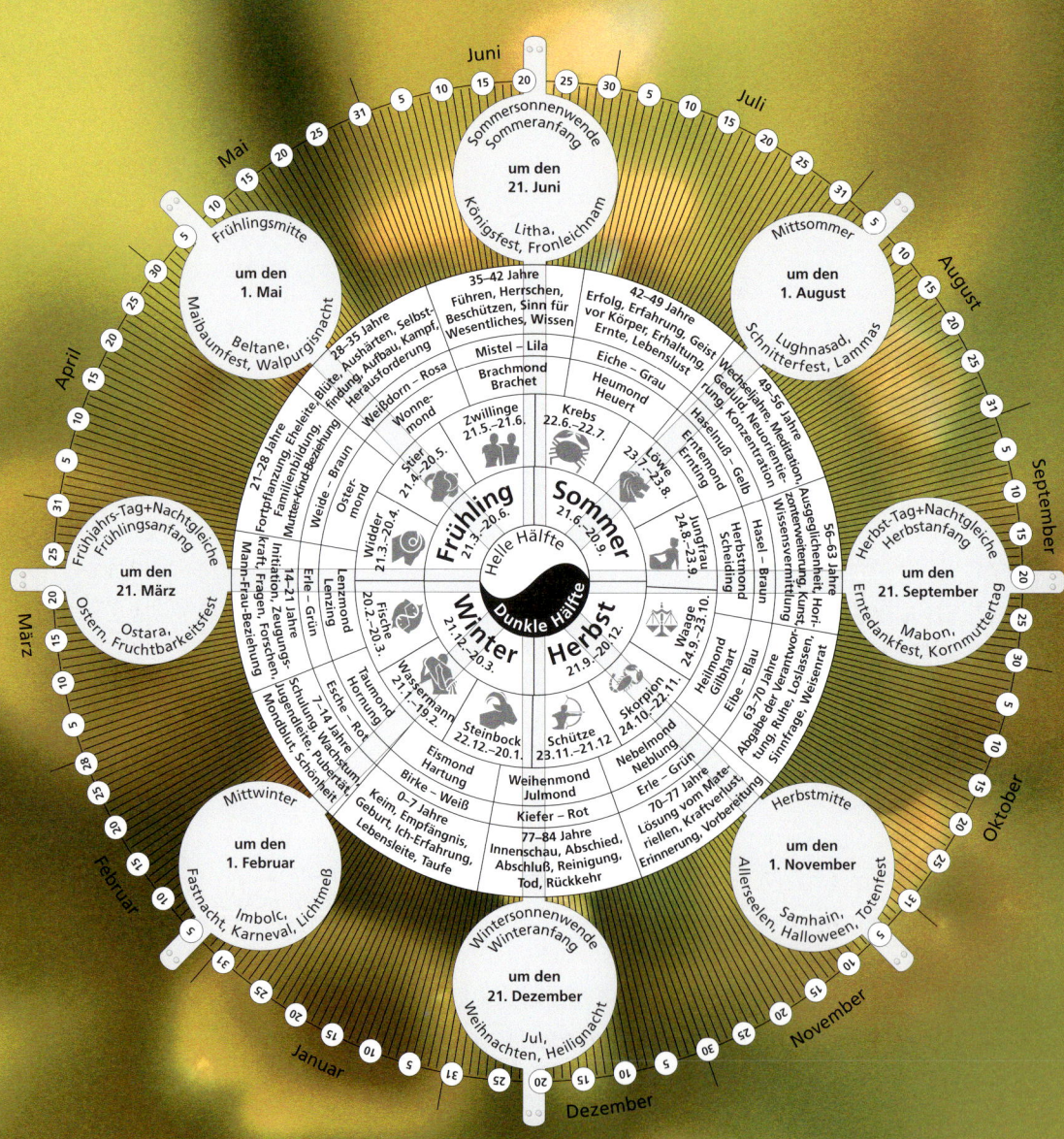

Einleitung

„Lust und Zuversicht allein sind die Seele meines Wirkens."
Schiller sprach so über seine Art zu arbeiten. Eben dieser Geist begleitete uns in der Zeit als dieses Buch entstehen durfte.

Welch eine Lust, wenn nach der Suche in staubigen Büchern das innere Bildermeer geflutet wird und alles Starre über Bord geworfen werden kann. Welch eine Lust zu erkennen, wenn das, was einstmals lebendig war, heute wieder jung und frisch ins Leben zurückkehrt.

Ostara ist die Göttin der Muse, der Inspiration, der Erneuerung, des Lichts, sie hatte schon ihre Boten über das Land geschickt, als uns ihr Duft erreichte, ihre Wärme unser sehnendes Herz umhüllte und mit ihrem Licht unseren schlafenden Geist erhellte.

Es ist ihr Geschenk an uns, dass wir während des Schreibens von der Natur selbst inspiriert werden durften.

Dieses Geschenk ermöglichte uns auch hinter die Überlieferungen, hinter folkloristische Traditionen zu blicken, uns zu fragen, welcher Sinn hinter all den bunten und den Menschen so erheiternden wie auch bedrohenden Sitten verborgen liegt.

Das Buch ist neben knappen Begriffserläuterungen vielmehr das Ergebnis eines wachen und tiefen Hineinspürens in die Qualitäten der Zeit von Anfang Februar bis in den Mai.

Und nicht nur wir allein sind die Erschaffer dieses reich gefüllten Kessels. Es sind die zahlreichen Menschen, die uns in ihrer Vielfalt ihre eigene Geschichte erzählen. Lustvolle, fantasievolle Menschen, die sich dem Zauber dieser Zeit nicht entziehen können und ein Teil von ihr werden. Jede Geschichte birgt ihre eigene Botschaft, die es gilt herauszufinden. Jede Geschichte bringt andere Seiten in uns zum Klingen. Daraus entsteht die Musik, die zusammenführt zu einem temperamentvollen Reigen, der verbindet und löst, um immer wieder Neues entstehen lassen zu können.

Der „Osterspaziergang" aus Goethes „Faust" zaubert mir ein Lächeln der Zuversicht auf meine Lippen, wenn ich darin lese:

...Sie feiern die Auferstehung des Herrn;
Denn sie sind selber auferstanden:
Aus niedriger Häuser dumpfen Gemächern,
Aus Handwerks- und Gewerbesbanden,
Aus dem Druck von Giebeln und Dächern,
Aus der Straßen quetschender Enge,
Aus der Kirchen ehrwürdiger Nacht
Sind sie alle ans Licht gebracht.
...

Hier ist des Volkes wahrer Himmel,
Zufrieden jauchzet groß und klein:
„Hier bin ich Mensch, hier darf ich sein!"

Die Welt, in der wir leben, ist so unendlich groß und reich. So viele Menschenleben haben ihre Gedanken und Erkenntnisse sichtbar und unsichtbar in ihr hinterlassen. Alles ist schon einmal geträumt worden und wir Menschen heute sind mittendrin, können heben aus Vergangenem und vertiefen in die Zukunft. So werden wir Eins mit dem Strom und tragen in uns die Erinnerung an den Ursprung.

(Romana Ulbrich, April 2009)

„Das Ziel der Zeremonien", schreibt Li Gi in seinem „Buch der Riten", „ist die Übereinstimmung mit der Ordnung der Natur."

Ich hatte diesen Satz vor Urzeiten mal gelesen, dann wohl wieder vergessen, aber etwas in mir wirkte nach. Es drängte regelrecht nach oben, jeden Tag, an dem ich dieses Buch schrieb und Seiten gestaltete, ein wenig mehr. Ich sah draußen den frischgrünen Frühling nahen und las von verstaubten Mythen, ich verliebte mich im nahen Wald in die ersten aufkeimenden Frühlingsknospen und las in Brauchtumsbüchern von Dämonen und Abwehrzauber, ich wurde geil auf meine Frau und las über kastrierte Mairiten.

Dann sah ich die Bilder der Rituale und Zeremonien, lebendig, modern, voller Kraft, sah in den Gesichtern der Menschen das Leuchten uralter Erinnerung im Gewand heutigen Lebens – und beschloss, die Bücher wegzulegen.

Das Jahresrad dreht sich in seiner ewigen Bahn, vollzieht den Zyklus der Jahreszeiten gemäß den Rhythmen der Natur. Wir Menschen sind mittendrin, empfinden die Natur nicht mehr als feindlich, eher fühlen wir uns geborgen, eingebettet, bekräftigt und mit Sinn versorgt. Dies umso mehr, wenn wir erkennen, dass auch wir als Menschen unser eigenes Rad haben, unsere eigenen Jahreszeiten des Lebens durchlaufen und dass die natürlichen Vorgänge uns Spiegel sein können für unsere inneren Prozesse. Dem Lakota Schwarzer Hirsch werden die Worte zugeschrieben: „Alles, was die Kraft der Welt tut, vollzieht sich in einem Kreis… Eines Menschen Leben ist ein Kreis von Kindheit zu Kindheit, und so verhält es sich mit allem, darin Kraft sich bewegt."

Dieser Kreis ist die vollendete Form, er repräsentiert das Ganze. In ihm sehen wir das Werden, das Sein, das Vergehen und das Wiederwerden, also unsere gesamte zyklische Weltsicht.

Nun deckt sich aber unsere Welterfahrung heute nicht mehr mit derjenigen der Menschen vor 200 oder 1000 Jahren. Darum haben wir heute auch so unsere Probleme mit brauchtümlicher Überlieferung und folkloristischer Darbietung. Die Form wird überbewertet, der Sinn verschwindet, die zugrunde liegende Spiritualität wird verschüttet, verächtlich gemacht, dümmlich umgedeutet oder absichtlich ins Gegenteil verkehrt. Wenn wir heute und morgen jedoch Interesse an einer lebendigen und zeitgemäßen Naturspiritualität haben, müssen wir den Mut fassen, die äußeren Dinge so zu ändern, dass sich neue rituelle Formen finden lassen, die unsere Spiritualität wieder vermittelbar machen. Es gilt, den natürlichen spirituellen Gehalt heraus zu destillieren und dann neu rituell gestaltbar zu machen. Rainer Maria Rilke hat das schön gesagt: „Das ist der Sinn von allem, was einst war: daß es nicht bleibt in seiner ganzen Schwere, daß es in unserem Wesen wiederkehre, in uns verwoben, tief und wunderbar."

Also weg mit dem Dämonenkram und der Angstmacherei. Ich habe Natur nie dämonisch erlebt und nie Angst gehabt in der Wildnis, sondern nur dort, wo Natur und Natürlichkeit zugunsten von Beton, Stahl und ideologischem Wahn zurück gedrängt wird. In der Recherche zu diesem Text fiel mir im Archiv ein Zeitungsausschnitt über einen Vortrag Ratzingers in die Hände, den er 1991 in Regensburg in seiner Funktion als Präfekt der Glaubenskongregation gehalten hat. Darin kritisiert er, dass sich der Mensch heute von „Gott abwende und den Mächten zu, die konkret unser Leben umlagern". Er bezeichnet dies als Ersatzreligion, in der dem Okkulten und der Magie gehuldigt werde. An die Stelle von Glauben treten Riten. Diesen „chronischen Abfall von einem Guten" sieht Ratzinger als das „neue Heidentum".

Wer will ihm widersprechen? Der naturspirituelle Mensch *glaubt* nicht, er *weiß* aus *Erfahrung*. Seine Riten sind ihm Spiel, in dem er die Welt erfährt, sein Tanz ist ihm Gottesdienst, also Huldigung und Feier in und mit der Natur.

Naturspiritualität ist das Gegenteil von Religion und Glaube, die Anbindung an die Natur und die eigene Erfahrung nimmt ihr das Dogmenhafte und Gefährliche: „Science flies you to the moon – religion flies you into buildings!" Das hat wohl schon die ländliche Bevölkerung Savoyens gewusst, denn ihr Wort „crétin" (Idiot) ähnelt auffallend ihrer Bezeichnung für Christ (chrétien).

Nun ist dies ein Buch über die Frühlingsriten, über zunehmende Fruchtbarkeit, nicht zuletzt über die Heilige Hochzeit von Gott und Göttin und über die erotische Vereinigung der Menschen. Es ist ein Buch über Lust, Körperlichkeit, Genuss und Sexualität. Lust am Leben, Lust an der Vielfalt, Lust an der Liebe, am Sex, an sich selbst: „Physisch und geistig gesund ist nur, wer ein ausgewogenes und erfüllendes Sexualleben führt…Es weist uns den Weg zu einem gesunden Leben in Harmonie, Schönheit, Liebe und Ekstase." (Christian Rätsch)

Genau darum geht es!

(Björn Ulbrich, April 2009)

Die Wiederkehr des Lichtes

Imbolc, Lichtmess, Brigid

Im keltischen Raum wurde der Frühling mit dem Imbolc-Fest eingeleitet. Die keltischen Stämme gebrauchten den Mond als Zeitmaß. Die hohen Feste im Jahreslauf fanden zu bestimmten Mondphasen statt, zur Verdeutlichung der vorherrschenden Kraft. So fand Imbolc bei zunehmendem Mond nach Jul statt. Das Wissen um den Einfluss des Mondes auf die Aussaat und somit auch auf die Ernte, steht in direktem Zusammenhang mit der Ausrichtung und Begehung der Feste. Das Überleben des Stammes hing davon ab. Das deutsche Wort „Fest", bringt klar zum Ausdruck, was das Festefeiern im ursprünglichen Sinne verkörpern sollte: das Festigen, Manifestieren, Zeigen, Sichtbarmachen dessen, was bisher gefühlt werden konnte.

Später wurde diese wichtige Zeit von der christlichen Kirche als Lichtmess in den christlichen Festreigen aufgenommen. Der Name Lichtmess leitet sich von dem mittelhochdeutschen Wort „mezzen", d.h. „verkünden", „ankünden" ab. Auch kommt es von „trennen", „abschneiden", was deutlich im Wort Steinmetz sichtbar wird. Lichtmess ist also auch der Tag des Abschneidens, der Trennung von Licht und Dunkel. Verehrt wurde in vorchristlicher Zeit die Göttin Brigid. Sie stand mit dem Feuer in Verbindung und wurde somit auch die Strahlende genannt. Sie sorgte als Fruchtbarkeitsbringerin für das Vieh und die Ernte und unterstützte die Frauen bei der Geburt ihrer Kinder. Sie galt als Muse der Poesie und der Inspiration und wurde von den Dichtern verehrt.

Im vorchristlichen Rom feierten die Frauen an diesem Tag (2. Februar) die Juno Februata, die jungfräuliche Mutter des Mars (weißer Aspekt). Zwei Wochen später (nach dem weiblichen Zyklus der Eisprung), gedachte man der Frau, die vom „Fieber" (febris) der Liebe befallen wurde (roter Aspekt, Feuer). Sie verkörpert die bereits aufkeimende, aufflammende Kraft der Libido, und dient somit ebenfalls als Fruchtbarkeitsbringerin.

Auch wenn uns Überlieferungen aus der Vergangenheit binden wollen an Begriffe wie „die Göttin", „Imbolc", „Brigid", „Lichtmess", so sind diese Worte eben nur Worte, die etwas Starres und Absolutes in unser unmittelbares Empfinden einfließen lassen. Lebendiger und kraftvoller können wir die Inspiration und die Poesie, die dieser Zeit innewohnen, aus der Gegenwart schöpfen, umso mehr wenn es uns

Taumond

Mittwinter - Imbolc - Lichtmess - Fasnacht

gelingt, den sichtbaren, fühlbaren, hörbaren Wechsel in der Natur, die Erneuerung des Lichtes, in unser heutiges Leben einzubeziehen.

Ein Spaziergang in der Natur, ein Gang durch den Garten öffnet die Sinne, schärft die Wahrnehmung für die Veränderung.

Der Winter zeigt noch sein weißes Kleid, die Luft ist kalt und scharf, doch das Licht, das durch die Wolken bricht, hat Kraft, es riecht nach Erwachen, nach Übergang, nach Wandel. Dieses Gefühl reicht aus, um im Außen tätig zu werden. Das alte Grün des Winters wird verbrannt, Staub und Spinnweben, die sich dahinter verborgen hielten, werden verabschiedet, frischer Wind darf herein, das Grauweiß des Winters weicht dem Hellgrün des Neubeginns.

Die Wünsche, und die damit verbundenen Hoffnungen, die in der Zeit der Rauhnächte ausgesprochen wurden, beginnen Gestalt anzunehmen, werden zur Wahrheit, sanfte aber doch stetige Bewegung im Februar. Weiße Kerzen am Fenster oder vor der Tür machen diese zarte Vereinigung von Unschuld (weiß) und dem Drängen (Flamme) nach Leben sichtbar.

(Romana Ulbrich)

Fasnacht

Fast alle christlichen Feiertage fußen auf heidnischen heiligen Tagen, sind aber wegen der Sonnenberechnung um 12 Stunden versetzt. Deshalb ist im Heidentum oft der Vorabend die eigentliche rituelle Zeit, was wir noch gut bei den überlieferten Festen wie Walpurgisnacht, Mittsommernacht, Halloween, Weihnacht und eben auch bei der Fasnacht erkennen können.

Der Name Harlekin leitet sich aus „Hellequin" ab, und dieser wiederum aus „hella cunni", was Barbara Walker als „Familie der Göttin Hel" übersetzt, „womit im heidnischen Glauben die Seelen der Verstorbenen gemeint waren, die aus der Unterwelt herausreiten." Mit „hella cunni" könnten aber auch die „aus der Göttin Geborenen" gemeint sein (hella = hel = Holle; cunni = lat. Vagina), was sowohl die Unterschiede zwischen Lebenden und Toten zu dieser Zeit verwischt als auch erste Anzeichen gibt auf die christliche Gleichsetzungskette zwischen Vagina, Lustgrotte, Unterwelt und Höllentor.

Für diesen Zwischenbereich, für diese verkehrte Welt und „ritualisierte Krise", hat Jörg Kraus die wichtigsten Elemente beschrieben: „Die Reinigung von der alten, abgelaufenen Zeit findet statt. Im Austausch zwischen den Lebenden und den Ahnen, zwischen Ordnung und Chaos (griech. geöffneter Rachen, gähnende Leere, vgl. germ. Ginnungagap) kann eine Verwandlung stattfinden. Reinigung und Verwandlung dienen der Regeneration: mit neuen Impulsen kann der nächste Zeit- und Lebenszyklus beginnen."

Maske

Die ältesten Darstellungen von Tiermaskentänzern finden wir in La Madelain und in Trois Fréres. Unter der Maske, durch Lautimitation, Tanz und Rhythmik, verlässt der Träger die Realität und nimmt Kontakt zur Seele des Tieres auf, oder wird gar zu dem, was die Maske zeigt. Eine Persönlichkeitsveränderung findet statt. In einer Gruppe, unter dem Einfluss von Rhythmus, Lichteffekten (flackerndes Feuer) oder bewusstseinsverändernden Substanzen (Alkohol, Hanf, Psilocybin) kann die Wirkung auf die menschliche Psyche kraftvoll sein. Die äußere Verwandlung bewirkt dann eine innere – was das Ziel des Rituals ist.

Als *mashkara* bezeichnet man tanzende nachtschwärmende Sufis, das französische *masque* ein Mysterienspiel. *Grimnir* ist der Name von Odin, wenn er als Maskierter wandert. Der grimmige Schnitter, der mit der Sense die Seelen mäht, trug im mittelalterlichen Frankreich den Namen Macabre. Das provenzalische Wort *masco* meint eine Maskierte, eine Zauberin. Daraus leitet sich Maskottchen ab, ein Geist in Tiergestalt, die Tiermaske eines Totemclans, christlich interpretiert ein tierköpfiger Dämon. *Masca* ist daher im Kirchenvokabular ein anderen Name für Hexe.

Maskenbau

Wir brauchen 2 Rollen Gipsbinden (10 cm breit) und 125ml Vaseline. Stelle lauwarmes Wasser bereit. Zerschneide die Gipsbinden in Streifen von 2-5 cm Breite. Wasche das Gesicht mit kaltem Wasser und trage die Vaseline auf, wobei alle haarigen Stellen mit eingefetteten Küchentuchstreifen abgedeckt werden müssen. Tauche die Gipsstreifen kurz ins Wasser und lege sie, beginnend mit der Stirn, auf das Gesicht (bis ans Ohrläppchen und bis Fingerbreite unters Kinn). Die Nasenlöcher sowie die Augen bleiben frei. Drei Lagen müssen es mindestens sein, damit die Maske Festigkeit erhält. Ca. 5 Minuten warten, bis der Gips fest ist, dann vorsichtig abnehmen. Und weiter ausgestalten mit Fell, Farbe, Tier- und Pflanzenteilen, …

Brennnessel und die Neunkräutersuppe

Die im Frühjahr als erste hervor sprießenden Triebe verschiedener Kräuter sind vitaminhaltig und geeignet, den Winter in einem selbst auszutreiben. Die Neunkräutersuppe setzt sich zusammen aus Brennnessel, Scharbockkraut, bittere Kressen und Knöteriche, Vogelmiere, Schafgarbe, Gänseblümchen, Geißfuß und Löffelkraut. Aber auch die Brennnessel alleine, als Suppe oder Wildgemüse, eignet sich, die Schlacken, also überschüssige Harnsäure, aus dem Körpergewebe zu schwemmen. Nicht nur schmerzende, rheumatische Gelenke bearbeitet man mit Schlägen der Nesselrute, sondern auch gerne alle anderen Teile, denen Manneskraft abhanden gekommen ist. Den Samen der Nessel sagt man nach, erotisierend zu sein.

Winteraustreiben

Das Austreiben des Winters ist ein uralter, im gesamten europäischen Raum verbreiteter Brauch. Um dem Rad des Jahres ein wenig in die Speichen zu greifen, veranstalteten die Menschen lärmende Umzüge, trugen Furcht einflößende Masken und verbrannten Strohpuppen, die den Winter symbolisierten. Der mit Schellen, Klappern, Trommeln und auch mit Böllerschüssen erzeugte Krach sollte die Eisriesen vertreiben und den Vorboten des Frühlings den Weg ebnen.

Das Eis in den Herzen schmelzen

Siehe www.fireandice2009.com und www.icewisdom.com

(Björn Ulbrich)

HEI, SO TREIBEN WIR DEN WINTER AUS

1. Hei, so treiben wir den Winter aus,
ja-gen ihn aus unserm Land hin- aus! Wir
ja-gen ihn zu-schan-den hin-weg aus un-sern
Lan-den. Hei, so treiben wir den Win-ter aus!

2. Hei, so treiben wir den Winter aus, jagen ihn aus unserm Land hinaus! Wir schlagen in das alte Stroh, da brennt der Winter lichterloh. Hei, so treiben wir den Winter aus!

3. Hei, so treiben wir den Winter aus, jagen ihn aus unserm Land hinaus! Wir stürzen ihn von Berg zu Tal, auf daß er sich zu Tode fall. Hei, so treiben wir den Winter aus!

Wir feiern den Frühlingsanfang. Am Nachmittag kommen Freunde und Bekannte, auch Nachbarn aus unserer Siedlung mit ihren Kindern. Manche bringen den ausgedienten Weihnachtsbaum mit zum Feuerstoß. Um dem Geschehen dieser Jahreszeit Ausdruck zu geben, – dem Wandel von Winter zu Frühling, von Dunkel zu Licht, von Vergehen zu Werden –, feiern wir ein kleines Ritual. Die Buben umhängen sich mit alten Kleidern aus der Theaterkiste, Säcken und Fetzen eines zerschlissenen Netzes. Nun sind sie perchtenartige Gestalten, ähnlich den wilden Gesellen der winterlichen Schattenbereiche.

Lichtmess-Ritual mit Kindern

Sie tragen die strohgefüllte Winterpuppe zum Feuerplatz, den sie lärmend umtoben. Die Mädchen sind als holde Frühlingswesen in hellen Gewändern und löwenzahngeschmückten Kränzen in angemessenem Abstand gefolgt. Schon lodert das von den Burschen entzündete Feuer mächtig auf. Mit lautem Rasseln, Klappern und Klatschen bestärken alle in der Runde die gierigen Flammen, die nun auch das Wintersymbol verschlingen. „Hei so treiben wir den Winter aus…" ertönt kraftvoll das Lied und angefasst zum Tanzschritt umkreisen Groß und Klein die Glut.

Manche haben ein brennbares Symbol für eigene *Altlasten* mitgebracht, das sie der verwandelnden Feuerkraft übergeben. Nun ist der Winter symbolisch besiegt, um uns und in uns. Die befreiten Energien sollen zum Frühling gewandelt erscheinen. Das wollen wir bekräftigen, denn noch hält sich der Lenz vorsichtig zurück. Irgendwo im nahen Wald sind aber schon Zeichen zu entdecken. Die Kinder machen sich auf die Suche. Bald haben sie ein Frühlingssymbol – einen großen gebackenen Osterhasen – gefunden. Dieses Sinnzeichen wird am Fuße des eiergeschmückten Osterbaums abgelegt und munter und freudig umtanzt. Eine Nachbarin hat ihre Ziehharmonika mitgebracht und so freuen sich alle mit bekannten Frühlingsweisen über den Einzug des Frühlings. Zur Stärkung der Kräfte, auch der eigenen, bekommt jeder ein Stück des gebackenen Hasen und ein rotgefärbtes Ei, das aber selbst gesucht sein muss.

Lichtmess-Ritual mit Erwachsenen

Ab Lichtmess (2. Februar) steigt die Sonne in immer größeren Bögen am Himmel empor. Ihr Licht und ihre Wärme erwecken Leben und Fruchtbarkeit nach der winterlichen Ruhezeit. Wir verbinden damit den Sinngehalt erheben, anfangen, nach außen richten, sich offenbaren, emporstreben, wachsen, blühen, fruchtbar werden, Aktivität.

Im Frühling, wenn ungestüme Triebkräfte und Zeugungspotenzen erwachen, haben sich die Menschen das in Tierformen verdeutlicht. Mit dem Frühlingsanfang am 21. März beginnt die Widderzeit. Das spiralig gerollte Gehörn, ein Sonnensymbol, und die Bockskräfte des Widders stellen ihn neben andere gehörnte Tiere wie Ziegenbock oder Hirsch. Die Hörner sind ein phallisches Symbol und kennzeichnen die notwendigen befruchtenden Energien dieser Aufbruchszeit.

Zum Winteraustreiben schmücken wir den *Buschen*, einen goldbandumwickelten Stab, mit einem dicken Strauß von Buchs und Efeu. Kleine gebackene Brezeln an zartfarbenen Schleifen in die Zweige gebunden, zieren das Symbol der Lenzzeit. Kleine gebackene Osterfladen oder Rosinenteigspiralen und gekochte, rotgefärbte Eier sind unsere Festspeise.

Zum Ritual leitet uns diesmal die irische heilige Brigit, die als Feuerhüterin und mit Flammenzungen über dem Haupt ihre Göttinnenabkunft erkennen lässt. Mit einem Feuer wollen wir am Ende der Dunkelheit das innere Feuer, unsere Energien, erwecken. An der Glut auf freier Wiese entzünden wir unsere persönlichen Jahreskerzen. So sollen unsere inneren Funken sprühen und leuchten, ins Leben und in die Welt hinein.

(Helge Folkerts & Familie)

Zwischen den beiden Ritualen liegen mehr als 20 Jahre. Die Kinder von damals sind heute erwachsene Frauen und Männer mit eigenen Kindern und eigenen Familien, die ihre eigenen Ritualkreise ziehen, oft weit entfernt vom Elternhaus. Doch auch das Leben der Eltern geht weiter, entwickelt sich, sucht neue Wege rituellen Formens und zeremoniellen Gestaltens. Und so wie das Jahr seine Kreisbahn zieht und Winter auf Winter, Sommer auf Sommer folgt, so gleicht doch nie ein Winter dem anderen, so erleben wir jeden Sommer immer wieder neu. Winteraustreiben und Lichtmess sind naturspirituelle Tradition und bäuerlicher Brauch, bei dem jedoch nur Zeitpunkt und äußerer Rahmen festgelegt sind. Wir entscheiden jedes Jahr aufs Neue, wie wir diesen Rahmen ausgestalten und mit Leben füllen.

Maskenbau ...

Wir brauchen: Ton, Tapetenkleister, Packpapier, Abtönfarbe, ev. Klarlack, dünne Plastikfolie, Gummi, als Unterlage ein glattes Brett (ca. 60 x 60 cm).

Dann nach Wunsch: Farben zum Bemalen, Fell, Federn, Knöpfe, etc.

Auf dem Brett wird mit Ton die Maske modelliert. Vorher ist die Breite des Kopfes bzw. des Gesichtes auszumessen, damit die Maske später passt (sie darf gerne breiter, aber natürlich nicht schmaler als das Gesicht werden).

Wenn die Tonmaske fertig ist, wird sie mit der dünnen Plastikfolie überzogen. Das in kleine Stücke gerissene Packpapier wird mit Tapetenkleister eingepinselt und die Maske in drei Schichten beklebt. Wenn die erste Schicht fertig ist, einmal mit Abtönfarbe überstreichen, denn so sehen wir beim Kleben der zweiten Schicht, wo wir noch kleben müssen. Außerdem gibt die Farbe zusätzliche Stabilität.

Nachdem die dritte Schicht Packpapier aufgeklebt ist, kann die Maske mit einem Fön vorsichtig getrocknet oder zum Trocknen in die Sonne gestellt werden. Wichtig ist dabei, dass nur die Maske trocknet, aber nicht der Ton, denn zum Abnehmen der Maske von der Tonunterlage ist es praktisch, den Ton ein wenig eindrücken zu können.

Nach der Fertigstellung der Grundform kann die Maske bemalt und beklebt werden. Dabei sind der Fantasie keine Grenzen gesetzt.

… und Maskentanz

Maske, Verwandlung, neues Gesicht
– ich verwandle mich

Einmal im Jahr feiern wir den Maskentanz. In liebevoller und meditativer Haltung bauen und basteln wir uns eine Tiermaske und ein entsprechendes Kostüm selbst. Da wir mit den Trancereisen und Trancehaltungen nach Dr. Goodman arbeiten, werden diese Tage zu einem tiefen spirituellen Erlebnis.

Ausgehend von der Frage, was einen religiösen Trancezustand hervorbringt, machte Dr. Goodman während ihrer Feldforschungen in Mittelamerika erstaunliche Beobachtungen. Ihr verdanken wir die Wiederentdeckung einer sehr alten Technik: zum einen scheint es notwendig zu sein, dass eine rhythmische Anregung geschieht, zum anderen ist eine bestimmte Körperhaltung nötig, um mit der zusätzlich stattfindenden rhythmischen Anregung den Zustand der ekstatischen Trance hervorzurufen.

Diese Trancehaltungen wurden von Dr. Goodman und ihren Schülern ausführlich erforscht und stetig weiterentwickelt. Heute haben wir damit eine tiefgehende und erfolgreiche schamanische Technik zur Hand, die auch dem modernen Menschen, der keine Erfahrungen im schamanischen Bereich hat, wirkungsvolle Erlebnisse und Trancen schenkt. Die Anwendung der Technik bzw. ein Ausprobieren ist jedem gesunden Menschen gefahrlos möglich. Man muss dabei weder an irgend etwas Vorgegebenes glauben oder theoretisches Wissen erwerben.

Bei dieser Trance handelt es sich um einen Vorgang, der neben den visionären Erfahrungen auch auf körperlicher Ebene positive Auswirkungen hat. Stresshormone werden abgebaut, Endorphine ausgeschüttet. So entsteht ein Wohlgefühl, welches auch nach der Trance eine geraume Weile anhält.

Die Erfahrun- gen, die jeder Mensch mit Hilfe dieser Technik machen kann, sind außerordentlich viel-

fältig. Verschiedene Trancehaltungen haben unterschiedliche Erlebnisschwerpunkte. Es gibt Haltungen, die vorrangig Heilungserfahrung hervorrufen, andere ermöglichen Wahrsageerlebnisse. Am Beispiel unseres Maskentanzes wird deutlich, wie vielfältig die Haltungen verwendbar sind.

Die Teilnehmer gehen zunächst gemeinsam in Trance, um zu erfahren, welches Tier jeder Einzelne verkörpern soll. Man stelle sich vor, dass der Geist eines Tierwesens sich bemerkbar macht, das Tier wird bildhaft gesehen oder als Tierform gespürt. Manchmal müssen wir ein wenig nachforschen, indem wir über das Erlebte sprechen, aber grundsätzlich weiß jeder nach der ersten Reise, welches Tier er oder sie im Tanz verkörpern wird.

In der nächsten Trance fragen wir nach der Choreographie und nach den Themen des Tanzes. Auf wunderbare, märchenhaft anmutende Weise webt sich aus den einzelnen Erzählungen eine Geschichte, oft wird ähnliches gesehen, oft ergänzen sich die gesehenen Bilder. Am Ende entsteht die choreographische Abfolge für den ersten Teil des gemeinsamen Tanzes. Unterdessen haben wir schon begonnen, die Masken herzustellen.

Durch das gemeinsame Werken und Basteln wächst die Gruppe näher zusammen, es liegt ein Schleier der Verzauberung über dem Ganzen. Auch Menschen, die vorher sagten: „Maskenbau – das kann ich nicht", formen ihre Masken, als ob sie vorher nichts anderes getan hätten. Wunderbare Werke entstehen, der Geist der verkörperten Tiere kommt immer deutlicher zum Ausdruck.

Im Laufe der Vorbereitungstage für den Tanz kommen wir dem verkörperten Tier innerlich immer näher und im Außen entstehen Maske und Kostüm; es ist ein Prozess der Verwandlung auf vielen Ebenen.

Dann endlich ist es soweit: Im ersten rituellen Akt rufen wir in Trance den Geist des verkörperten Tieres in die Maske. Schließlich werden die Masken aufgesetzt. Zusammen mit dem Kostüm ist plötzlich etwas völlig Neues da. Wir sind beides, Mensch und verkörpertes Tier, und im Laufe des Tanzes wird das Tierwesen immer deutlicher durch Gebärden, Bewegungen und Töne zum Leben erweckt.

Der erste Teil des Tanzes ist in seiner Abfolge festgelegt – diesen Teil haben wir auch vorher einmal geprobt. Danach gehen wir über in den freien Teil des Tanzes. Zum gleichmäßigen Beat der Trommeln bewegen sich jetzt Tier und Fabelwesen, manchmal miteinander, manchmal allein. Wer seinen Tanz beendet hat, lässt sich wieder auf den Boden nieder. Wenn alle fertig sind, stoppen auch die Trommeln.

Wir sind erschöpft, beseelt, glücklich. Es ist vollbracht. Wir haben das, was uns aus der Geistwelt aufgetragen wurde, auf die Erde getanzt.

(Annette Ki Salmen, www.dream-visions.de)

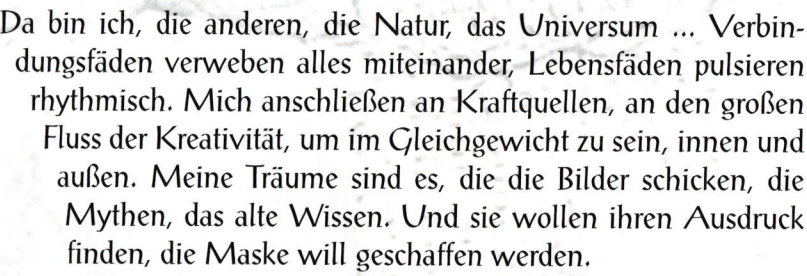

Mondtochter

Da bin ich, die anderen, die Natur, das Universum ... Verbindungsfäden verweben alles miteinander, Lebensfäden pulsieren rhythmisch. Mich anschließen an Kraftquellen, an den großen Fluss der Kreativität, um im Gleichgewicht zu sein, innen und außen. Meine Träume sind es, die die Bilder schicken, die Mythen, das alte Wissen. Und sie wollen ihren Ausdruck finden, die Maske will geschaffen werden.

Die Trommel zeigt mir ihr Gesicht. Es springt mich fast an, übergroß, überdeutlich. Ich spüre die Farben, rieche das Material, höre in die Oberfläche hinein.

Ein einfacher, klarer Trommelrhythmus begleitet meine Bilder. Die Maske gewinnt Form und ich werde sie schaffen, aus hellem feinkörnigem Ton. Wie eine Scheibe knete ich den Ton zurecht, wölbe ihn leicht, die Formen arbeiten sich heraus. Eindrücken, Erheben, Aushöhlen. Eine weiße Gesichtslandschaft liegt da, geheimnisvoll, fremd, verletzlich. Silbergraue Haare aus Wolle, Wildseide und Bast hängen lang herunter. Die Augen sind schmal, die Mundöffnung klein, als würde sie nur einen feinen Luftstrahl ausatmen.

Es scheint, als zeigte sie einen Hauch von Lächeln. Texturen drücke ich in dem feuchten Ton ab, füge Gewebeteile dazu und male in hellen Grautönen auf die Oberfläche. Mit Kaolin, der weißen Farbe, die das Jenseits sichtbar macht, Holzkohle und rotem Ocker für das Leben, entstehen hingehuschte Striche, ein Farbhauch, als würde er sich gleich wieder verflüchtigen. Zart und verletzlich wirkt die Maske, alt, asiatisch.

An eine kühle Nacht und helles Mondlicht erinnert sie mich, an Spinnweben und Porzellan, an halb durchsichtiges Milchglas und Obertongesang. Sie ist geboren. In dieser Nacht liegt sie im Freien, damit sie die Kraft der Mondin aufsaugen kann, an die sie mich denken lässt. Die Maske wird zunehmend stärker. Ich lege sie auf ein Kissen, spreche sie an, trommle für sie und hauche ihr Atem ein. Vor mir sehe ich wieder die erste Vision, die ich von ihr hatte. Einen alten Mythos bringt sie mit, zu dem ich eine Verbindung aufnehme, der mir den Namen der Maske offenbart, so dass ich sie benennen kann. Schließlich setze ich sie auf, neue Aus-Blicke durch schmale Augenschlitze, und lasse mich ein auf die Reise an die Grenze zwischen innen und außen. Ich gebe ihr eine Stimme, eine Bewegung, lasse mich von ihr leiten, hinein in die Verwandlung. Tanzen lasse ich mich und dabei gebe ich ihr die Kraft meiner Schritte. Inneres kehrt sich nach außen, ich sehe mich aus großer Ferne vorsichtig mit dunklen Augen in die Nacht blicken, mein Gesicht in Händen haltend, sanft drehend, wobei ich meinem eigenen Mythos begegne, mit ihm umgehe. Kein Ich ist mehr da für eine unnennbare Zeitspanne.

Die Maske wird mehr und mehr zu einer Kraftbrücke, zu einem Reisegefährt. Sie gibt mir die Lebenskraft der Mondin, weht den Geist einer Urahnin heran und verbindet mich mit allem, was auf der Welt lebt. Manchmal fühle ich mich gerufen, als Mondtochter, dann setze ich meine Maske auf und tanze, in Spinnwebkleider gehüllt, den silbernen Tanz der Hirschkuh.

(Cambra Skadé, aus: Töchter der Mondin)

Der Wolfstanz

Grundlage für diesen Tanz war die Darstellung eines Wolfstänzers auf der Schwertscheide von Gutenstein und eines Tänzerpaares auf einem nordischen Pressmodel aus Torslunda auf Öland. Im Buch „Römer, Kelten und Germanen" wird auf die Ähnlichkeit dieser beiden Darstellungen verwiesen. So nahmen wir an, dass das alamannische Tänzerpaar auch ähnlich gestaltet war. Da die alamannische Wolfstänzerdarstellung auf einem Schwert mitgeführt wurde, sehen wir darin ein Siegessymbol. Der zweite Tänzer vom nordischen Pressmodel, für uns ein Ur darstellend, vertritt in diesem Fall den Besiegten. Es entsteht eine durch Tanz dargestellte mythische Jagd, deren Erfolg sich auf die Krieger und/oder Jäger übertragen lässt, wie dies auf der ganzen Welt zu finden ist. Dieser Tanz passt in die Maskenzeit, doch kann dieser Tanz auch zur Ermutigung getanzt werden. Hier jedenfalls jene Tanzweise, die wir zu tanzen pflegen.

Dies ist eine von vielen Möglichkeiten, den Masken wieder Leben einzuhauchen. Außerdem kann der Tänzer die Kraft des zu tanzenden Tieres wie auch jene eines Krafttieres auf sich übertragen und daraus schöpfen.

Musikinstrumente: Eine langsame und eine schnelle Trommel, zum Schritt der Tänzer passend; eine Glocke, welche mit der schnellen Trommel spielt; ein Kuhhorn und falls vorhanden Rummelpott.

Ablauf:

1. Der UrTänzer tanzt im Takt der langsamen Trommel zur Mitte des Tanzplatzes. Dabei bewegt er sich stolz, einem Ur gleich.

2. Er beginnt in Sonnenrichtung eine Spirale zu tanzen, von der Mitte aus immer größer werdend.

3. Wenn das Ur den äußeren Rand des Tanzplatzes erreicht hat, springt der Wolf auf den Tanzkreis und beginnt suchend, im Takt der schnellen Trommel hinter dem Ur herzutanzen, wobei beide Tänzer genau gegenüberliegend, gleichen Abstand zueinander haltend, tanzen.

4. Nach dem dritten Umkreisen schlägt der UrTänzer, von Norden her, den Weg zur Mitte ein und tanzt von der Mitte aus, vier Schritte in die gegenüberliegende Himmelsrichtung (Süden), wobei er die Speere hochhält.

5. Nun tanzt er rückwärtstanzend zur Mitte zurück, um sich dort nach Osten zu wenden und vier Schritte in diese Richtung zu tanzen.

6. Vom Osten tanzt das Ur wieder rückwärts zur Mitte und wendet sich dort nach Westen, um vier Schritte in diese Richtung zu tanzen.

7. Wenn der Urtänzer nun rückwärts zur Mitte zurücktanzt, so tanzt er rückwärts weiter in den Norden, wobei er mit Blick auf die Kreismitte Aufstellung nimmt.

8. Der WolfTänzer umkreist während der ganzen Zeit das Ur, wobei er stets versucht, hinter dem UrTänzer zu sein, wenn dieser an einer Himmelsrichtung angekommen ist. Während der WolfTänzer das Ur auf diese Weise umkreist, tanzt er stolz und wölfisch und sucht mit dem Speer am Boden die Fährte ab.

9. Wenn der UrTänzer im Norden Stellung nimmt, sollte in diesem Moment genau gegenüberliegend der Wolf erscheinen. Beide Tänzer strecken ihre Waffen hoch und rufen: „Hoi!" Die Musik verstummt, nur die Glocke schlägt vier Takte alleine, worauf alle Trommeln im schnellen Takt mit der Glocke weitertrommeln.

10. Zum schnellen Takt beginnt die Jagd und beide Tänzer tanzen wieder gegenüberliegend auf dem Kreis, mit schnellen Schritten, Hüpfern und Sprüngen.

11. Nach dem dritten Umkreisen läuft der UrTänzer von Norden, der WolfTänzer von Süden zur Mitte. Dort schlagen die beiden Tänzer die Waffen aufeinander, indem der WolfTänzer seinen Speer waagrecht, der UrTänzer beide Speere senkrecht hält und laufen danach jeweils auf die andere Seite weiter.

12. In einem Halbkreis läuft der WolfTänzer vom Norden weiter nach Westen, um von dort abermals in die Mitte zu laufen. Der UrTänzer tut dasselbe, nur das jener in den Süden läuft, von hier im Halbkreis in den Osten und von dort zur Mitte. Dort schlagen sie wiederum die Waffen auf die gleiche Weise zusammen wie zuvor. Der WolfTänzer läuft wieder in den Osten und von dort im Halbkreis in den Norden. Das Gleiche macht der UrTänzer, doch läuft der UrTänzer in den Westen und von dort in den Süden.

13. Nun springen sie mit seitlichen Ausfallschritten aufeinander zu und begegnen sich in der Mitte. Beide Tänzer bleiben voreinander stehen, wobei der UrTänzer niederkniet, der WolfTänzer seine Waffen hochhält und sie dem UrTänzer auf die Schultern legt.

(Wie zu Anfang des Tanzes beginnt hier wieder jene Musik, mit der Langsamen und der schnellen Trommel. Während des ganzen Jagdteils kann in Abständen das Horn geblasen werden.)

14. Der UrTänzer legt sich auf den Boden und der Wolf tanzt triumphierend einen Halbkreis nach links, einen nach rechts und springt danach über den UrTänzer.

15. Der UrTänzer erhebt sich langsam. Beide Tänzer wenden sich zueinander, strecken ihre Waffen in die Höhe, rufen: „Hoi!" und tanzen gemeinsam vom Tanzplatz, worauf der allgemeine Tanz beginnen kann.

Symbolgehalt:

1-2: Das Ur geht den Weg, das ihm die Erde bestimmt hat.

3: Der Schicksalspartner Wolf gerät auf die Fährte des Ur.

3-7: Das Ur erkennt die Gefahr und stellt sich dem Kampf.

8: Auch der Wolf folgt seinem, ihm bestimmten Weg und lässt nicht ab.

8-12: Jagd und Kampf zwischen Ur und Wolf.

13-14: Sieg des Wolfes über das Ur.

15: Wolf und Ur bilden eine Schicksalsgemeinschaft.

(Brandolf Höß, www.alamannenkreis.at)

Brigid in den Bergen

Brigid-Geschichten

Wir sitzen in der Stube am warmen Herd und erzählen
uns Brigidgeschichten und Mythen. Das Herdfeuer wird
nicht mehr gefüttert, wir lassen es absichtlich ausgehen.

Zeit der Reinigung des Winters

Das Haus wird von oben bis unten sauber gemacht und
anschließend geräuchert. Zuletzt putzen wir auch
den Herd und geben neues Holz hinein.
Mit einer Schwitzhüttenzeremonie reinigen wir unseren
Körper und stimmen uns auf das Ritual ein.

Brigid kommt

Brigid geht im Uhrzeigersinn um das Haus und
klopft an das Fenster.
Die Menschen im Haus fragen: *„Wer ist denn da?"*
Brigid: *„Ich bin es, die Brigit."*
Die Menschen im Haus schweigen.

Brigid geht gegen den Uhrzeigersinn noch mal um das
Haus und klopft wieder an das Fenster.
Die Menschen im Haus fragen: *„Wer ist denn da?"*
Brigid: *„Ich bin es, die Brigit."*
Die Menschen im Haus schweigen.

Brigid geht noch mal im Uhrzeigersinn um das
Haus und klopft wieder an das Fenster.
Die Menschen im Haus fragen: *„Wer ist denn da?"*
Brigid: *„Ich bin es, die Brigit.*
Ich bringe euch das neue Licht."
Die Menschen im Haus sagen:
„Ah, die Brigid, komm doch herein."

Die Hausbewohner laden Brigid ein,
ins Haus zu kommen und
geben ihr Kaffee und Kuchen.
Brigid breitet ihren Mantel am Boden aus.

Jetzt gibt Brigid jedem das neue Licht,
indem sie die Kerzen, welche die Hausbewohner
in der Hand haben, entzündet.
Danach entzündet sie die große Kerze auf dem Tisch,
welche die ganze Nacht durchbrennen wird.
Als letztes entzündet sie das neue Herdfeuer.
Brigid verlässt anschließend wieder das Haus.

Der Winter wird ausgetrieben

Der Winter wird mit einer Strohpuppe dargestellt
und versteckt sich im Haus.
Die Bewohner suchen den Winter.
Nachdem sie den dunklen und kalten Winter
gefunden haben, vertreiben sie ihn
mit Trommeln und Geschrei aus dem Haus.
Der Winter flüchtet aus dem Haus.

Der Winter wird verbrannt

Der Winter (die Strohpuppe)
wird in die Feuerstelle gelegt und angezündet.
Wir trommeln und brüllen den kalten und
dunklen Winter fort.

Die Feier Nachdem der Winter vertrieben
und verbrannt ist,
wird zur Belohnung reichlich gefeiert.
Wir lassen es uns so richtig gut gehen.

Brigidbaum und Geschenk für Mutter Erde

Die Männer, jung und alt,
machen sich auf den Weg,
einen Brigidbaum und ein Geschenk für die Frauen
als Vertretung für Mutter Erde zu besorgen.

Das Geschenk ist ein Gedicht:
*Lustig zogen die vier Männer auf
Den heiligen Zauberkogel rauf,
Um der Mutter Kraft zu spüren
Und den Frauen Geschenke auszuküren.
Denn jetzt wieder ist die Zeit,
Um der Mutter Fruchtbarkeit zu ehren.
Denn wir begehren ihre Schönheit,
Drum wollen wir euch mit diesen Worten ehren.
Es ergeht uns wohl,
an eurem edlen Frohmut zu entzücken.
Drum bitten wir euch,
uns damit weiterhin zu beglücken.
Da jetzt beginnt die weiße Zeit
Mit ihrer vollen Blütenpracht
Haben wir an euch gedacht
Und deshalb dies euch vorgebracht.*

31

Der Flurumgang

Die Grenzen des Grundstücks werden abgegangen und
frische Gaben wie Brot, Mehl und Milch
werden an die Grenzen gelegt.
Der Hirsch, Mittler zwischen Diesseits und Jenseits,
begleitet den Zug.

Die Aussaat

Die Erde wird gepflügt und Samen werden ausgesät.
Danach tanzen wir einen Stampftanz,
um die Samen kraftvoll in die Erde zu bringen.
Begleitet wird der Stampftanz von Trommeln.

Die Hochzeit

Ein Brigidbrautpaar wird gewählt,
es zeigt symbolisch der Mutter Erde was zu tun ist:
Die Befruchtung des Bodens.

Die Baumpflanzung

Als Brigidbaum pflanzen wir eine Birke,
da sie der erste Baum ist,
der nach dem Winterschlaf erwacht.

(Roland Kreisel & Eveline Grander
www.keltendorf.at)

Vom Januscharakter des Strohpuppenbrennens

Winter bedeutete für die Menschen früher Dunkelheit, Entbehrung, Kälte, Hunger, ja oft auch den Tod. In den zugigen, feuchten und kalten Hütten wuchsen Krankheit und Not, während die Holzvorräte schwanden und die Lebensfreude erstarb. Niemand von uns kann ein solches Dasein heute nachvollziehen. Licht wird es, wenn wir auf den Schalter drücken und warm wird es, wenn wir die Heizung aufdrehen. Winter stimmt im Zeitalter von Weihnachtsurlaub, Aprés Ski, Sonnenstudio und dem Flug in den Süden heute ein ganz anderes Lied in uns an.

Jedoch kann man es verstehen, wenn sich Lebensgefahr und Angst Ventile suchen und den Winter personifizieren, ihn als Strohpuppe auf den Feuerstoß stellen und symbolisch verbrennen. Überliefertes Brauchtum und eigener Erfahrungshorizont harmonieren heute aber nicht mehr. Die Dinge werden getan, weil man sie schon immer so getan hat, aber das Echte und Gelebte hat sich längst verflüchtigt und der seelenlosen Attraktion Platz gemacht.

Betrachtet man sich das obenstehende Bild, ist von Heiligkeit und Würde nichts zu merken, sondern die Nachbarschaft hat ihren Sperrmüll aufgeschichtet. Die aufgehängte Puppe erinnert mehr an die Heilige Inquisition als an ein rituelles Opfer, und dieses Feuer wird nur minderwertige Holzprodukte in giftige Luft transformieren. Das Bild macht deutlich, wie sehr die ursprüngliche Bedeutung des Feuers selbst bei Leuten verloren gegangen ist, die für sich in Anspruch nehmen, das Brauchtum wahren zu wollen. Ein zweites Bild aus der gleichen Stadt zeigt uns, wie wider- und unsinnig es ist, heidnisches Erbe in den Händen christlich-kirchlich orientierter Brauchtumsvereine zu belassen (Neustadt/Orla, ca. 1996).

So sollten wir das Feuer nicht als Müll- oder Vernichtungsfeuer betrachten, sondern als lebendiges Wesen, das mit entsprechend wertvollen Sachen „gefüttert" wird. Opfergaben, die unseren Respekt zeigen, können verschiedene Kräuter, Salz und Gebäck sein. Nur das Feuer ermöglicht die Entmaterialisierung der Opfergabe, ihre Verbrennung bezweckt aber nicht ihre materielle Vernichtung, sondern vielmehr die Umwandlung ihres grobstofflichen Körpers in einen feinstofflichen oder ihre symbolische von Winter in Frühling. Es ist so ein Wechsel der Welten, den wir

dem Opfer ermöglichen. Für Sühneopfer dagegen ist in der heidnischen Weltsicht kein Raum, da nichts zu sühnen ist. Die symbolische Tötung von „was-auch-immer" kann man als dämonistisch-theistisch verbrämt ablehnen. Ist es heute noch ein harmloses Etwas, wird die Strohpuppe morgen menschenähnlich, dann deutlich weiblich, bekommt Namen wie „Teufel, Heide, Ungläubiger oder Jude" (Jaudesfeuer in München-Pasing, 2001!). Man kann nur kopfschüttelnd zur Kenntnis nehmen, dass z.B. in Heidenheim noch vor etwas mehr als hundert Jahren eine lebende schwarze Katze in einem verschlossenen Korb in die Krone eines Feuerstoßes zu Ehren des Johannes gehängt wurde. Wen wundern da noch die brennenden (Stroh-) Hexen angesichts der grausamen Realität der inquisitorischen Ära! An Dogmatik, Realitäts- und Naturferne und blindem Wunsch-Glauben hat sich bis heute nichts geändert, wie der aktuelle und tendenziöse Artikel aus der Zeitschrift des evangelischen TV-Predigers Fliege deutlich zeigt (Nr. 6/2008). Es ist mir völlig unverständlich, wie eine Frau unreflektiert und kommentarlos schreiben kann, dass weibliche Strohpuppen „in die Flammen geworfen werden, damit alles Missgeschick und Unheil ins Nichts zerfalle".

Umso wichtiger ist es, uns die ursprüngliche Bedeutung des Feuers und seine Heiligkeit bei Ritualen neu zu erschließen. Bis heute hat sich die Vorstellung erhalten, dass das Feuer beseelt sei, reden, singen oder uns weissagen kann. Lange Zeit wurde geglaubt, die Seelen der Ahnen würden in den Feuern wohnen. Aus diesem Grund war Verunreinigung oder Missbrauch des Feuers eine Tat, die bestraft wurde.

Wenn das Feuer abgebrannt ist, Holz sich in Glut verwandelt, die Lieder und Gespräche immer leiser werden und schließlich ganz verstummen, dann, wenn jeder gedankenversonnen ins Feuer blickt, erkennen wir die Magie des Feuers und fangen an mit ihm zu sprechen. Arbeiten wir daran, unsere Feuer bewusst zu gestalten, machen wir uns auf den Weg, den Geist des Feuers neu zu entdecken und es wird nicht nur die Materie verändern, sondern auch uns.

(Björn Ulbrich)

35

Fasnacht

In der Ritualpraxis und in der Begehung der Jahreskeisfeste werden wir immer wieder dazu angeregt innezuhalten, Handlungsweisen zu hinterfragen, Überlieferung und Brauchtum mit – unserem – Leben zu füllen. Das Innehalten ermöglicht uns, in den Moment der Kraft einzutauchen. Je mehr wir die äußeren Zwänge abstreifen, die mit der starren Übernahme des Brauchtums wie ein Korsett wirken, je mehr wir das Selbstvertrauen in die eigene Wahrnehmung schulen, um so mehr werden wir Teil des Geschehens, bilden wir eine Einheit mit der Welt in uns und um uns herum. Der Heilungseffekt, der all diesen Festen zugrunde liegt, wird unmittelbar spürbar und lässt sich ganz konkret in der alltäglichen Welt anwenden. Denn genau darum geht es, wenn wir Rituale begehen, Feste feiern, aufmerksam den Lauf der Jahreszeiten beobachten. Wir bündeln die Kraft, verbinden uns mit ihr, um stark und genährt auf allen Ebenen des Seins tanzen zu können. Die Mythen der Welt sind durch ihren Bilderreichtum und ihre Wortgewalt bis in die heutige Zeit wirksam. Diese Bilder sind Metaphern unserer Vielgestaltigkeit, sie veranschaulichen in welch engmaschigem Netz der Mensch mit der Urnatur verwoben ist. Die Bereitschaft, sich diesem Netz mit Hingabe anzuvertrauen, öffnet den Zugang zu „Heil und Segen auf all unseren Wegen".

Die Nacht, in der die Grenzen überschritten werden

Unsere menschlichen Empfindungen sind immer noch eng an das Geschehen in der Natur gekoppelt. Während wir zur Weihnachtszeit die Behaglichkeit der Räume schätzen, wenn vor dem Haus ein scharfer Sturm vorbeizieht, drängt es uns spätes-

tens zu den „Heiligen Drei Königen", die Tür zu öffnen. Froh über die Kunde, dass sich das Rad weiter drehen darf, nehmen wir die Segnung des Neuen entgegen. Im norditalienischen Raum ist es die Befana, die gute Fee, die in der Nacht vom 5. zum 6. Januar durch den Schornstein (Reinigung der Verbindung zur Innen und Außenwelt) in das Haus kommt und Süßigkeiten in die Herdfeuerstelle (Segnung des heilig, nährenden Feuers) legt. Diese schönen, uns überlieferten Bildergeschichten geben der Zeitqualität, in der wir uns befinden, Gestalt. Sie pflegen immer wieder aufs Neue unsere Vorstellungskraft, die Phantasie. Sie sind eine einheitliche Sprache, die es uns erspart, uns und das was geschieht, erneut zu erklären. Doch die Sprache allein wird zu einem hohlen Gerüst, wenn die Geschichte, die durch sie erzählt wird, von unserem Lebensnetz entkoppelt wird.

Der 6. Januar beschreibt also das Ende der Wilden Jagd, alles was während dieser Jagd am Haus und auch an unseren Gedanken hängen geblieben ist, wird mit viel Rauch und Besenschwingen aus Tor und Tür begleitet.

Somit ist Platz geschaffen worden für Neues. Die Leere und Stille dieser Zeit gibt uns Raum, uns vollständig von Vergangenem zu verabschieden. Einen Monat später am 2. Februar, laden wir das junge Licht ein, lassen uns inspirieren von der drängenden Kraft, die bereits unter der vereisten Erde zu spüren ist. Ein mürrischer Unhold, wer nicht die jungfräuliche Schönheit dieser Zeit auf sich wirken und sich von ihr wach küssen lässt.

Der Brauch, zur Faschingszeit verrückt zu spielen, sich mit „Faschen" zu schlagen, Unverschämtes zu „faseln", über das Tragen von Tiermasken eine andere Identität zu erhalten, über die Grenzen zu gehen, wurde von den Menschen, die den Unbilden des Wetters ausgesetzt waren, Kälte und Hunger ertragen mussten, ge-braucht, um

die Not zu wenden. Die Erweckung aus der Starre des Winters ist not-wendig geworden. Und heute? Weder leiden wir Hunger, noch kann uns die Kälte in die Knie zwingen. Wir haben alles, immer. Aber was ist mit der Seele, mit dem Urmenschlichen, mit den Sehnsüchten, die in uns schlummern? Haben wir vergessen, während des langen seelischen Winters im *Business* wie auch in der Ehe, welch nährende Kraft in der Entfesselung der Urnatur verborgen liegt?

Narrenzeit stellt alles in Frage, stürzt den König vom Thron, stellt die Richtigkeit und die Vitalität der herrschenden Gesetze auf eine harte Probe. Auch die eigenen Lebensentwürfe in unserer kleinen Welt sind damit gemeint. Alles was nicht echt ist, alles was nicht von einer geschmeidigen Lebendigkeit getragen wird, kann dem höhnischen Gelächter der Narrenhölle nicht standhalten. Denn wenn das, was danach in die Erde gesetzt wird, einen fauligen Kern birgt, werden alle Mühe und alles Hoffen wirkungslos bleiben.

Im geschützten und geheiligten Zeitraum der Fasenacht fallen die Grenzen, werden geschriebene Gesetze unwirksam. Die brodelnde Wut auf Politik und Gesellschaft findet im Rausch ein Ventil. Schattenseiten bekommen Gestalt und zeigen sich in wüsten Gebärden. Der Narr und der König sind einander Spiegel. Gatte und Gattin werden zu Voyeuren ihrer Lust und werden erinnert an den Verlust der Wärme, die das Leben trägt.

Die Grenznacht öffnet noch einmal alle Tore, auf dass sich die Welten miteinander vermischen, sich miteinander austauschen können: Fieberndes Chaos, aus dem eine neue Leben spendende Ordnung entstehen darf!

Erweckung, Segnung und Heiligung

Das uns vertrauteste Symbol der Erweckung ist der Faselzweig, aus dem sich die Fas(e)nacht ableitet. Der mehr im süddeutschen Raum gebräuchliche Ausdruck „Fasching" birgt den gleichen Ursprung, wenn von den „Faschen", den Bündeln die Rede ist. Der Zweig, der bereits die ersten Knospen ausbildet, steht als sichtbares Zeichen für die aufkeimende Lebenskraft. Während die Landschaft ringsherum noch im schlafenden Braun träumt, drängt aus Hasel- und Hollerzweigen die Neugier und Hoffnung im hellen Grün. Also macht sich der Mensch in dieser noch schläfrig müden Zeit, die Kraft der Natur zu Nutze, bündelt die Kraft, nimmt sie aktiv in die Hand und stimuliert über das Ausstreichen oder auch Auspeitschen der Haut die eigene Lebendigkeit. Der Saft, der dabei aus den Knospen tritt, verbindet sich über die entstandenen kleinen Verletzungen der Haut mit unserem Lebens-Saft. So erleben wir Segnung, die innige Vereinigung des Menschen mit der Natur, die ihrerseits Heiligung durch den Menschen erfährt.

Die Grundenergie der Fasezeit dient der Erweckung der Triebe, die sowohl für das Sexuelle stehen, als auch für das Vorantreiben der gesellschaftlichen Reife. Jede neue Generation leitet neue Zeitalter ein, stellt Altes in Frage, fühlt in sich den Keim des Verändernden, des (R)evolutionierenden. Die Kinder sind Sinnbild dieser evolutionären Kraft. Sie verkörpern mit ihren Kostümen den Mangel an Direktheit, Männlichkeit, Weiblichkeit, Wildheit, Zauberkraft, Ritterlichkeit, Wehrhaftigkeit, Fürsorglichkeit und sind somit in ihrem unschuldigen Treiben Spiegel und Stachel in einer eingeschlafenen, selbstzufriedenen, „kalten" Gesellschaft. Kinder gehen von Haus zu Haus – Klingelsturm sollte es eigentlich sein, zum zahmen Versleinaufsagen ist es geworden. Dadurch regen sie nicht nur im sprichwörtlichen Sinne zum Öffnen der Türen an und entlocken durch ihr lebenshungriges Auftreten der Erwachsenenwelt deren sorgsam angelegten Vorräte. Das Kind als Erwecker der Lebenskraft, erhält Segnung aus der Vorratskammer des Vergangenen, das Vergangene wird somit durch das Neue geheiligt.

Triebhaftigkeit und Rausch dienen ebenso der Erweckung der Lebenskraft wie das Bad in einem Eisloch. Nur dringen das Ausleben der Triebe und der Rausch in tiefere Ebenen unseres Bewusstseins. Die Lust dient nicht nur allein der Fortpflanzung, auch wenn das Machtspiel mit der Angst versucht hat, genau dies in unsere Köpfe einzubrennen. Die Lust ist die Triebkraft, die über unseren Leib, von der Mitte aus, in jede Zelle unseres Körpers strahlt. Sie ist die Quelle, aus der wir stets von Neuem schöpfen, und die Brutstätte, aus der die Kunst und der Sinn für Schönheit geboren werden, aus der wir selbst an unsere Lebendigkeit erinnert werden, aus der auch die Angriffslust gegenüber allen lebensfeindlichen Konzepten heranwächst.

So bietet uns die Fasnacht den geheiligten Raum, innerhalb dessen wir die Grenzen überschreiten können. Die Schwelle wird mit Bewusstheit übertreten und in der Welt hinter der Schwelle vertrauen wir uns dem Rausch an, der uns in die Erinnerung begleitet, zu den vergessenen Quellen unserer Urkraft. Die durch den Rausch erfahrene Entfesselung der Lust führt uns in die folgenreiche Hingabe an das Leben. Ist erst einmal das Feuer des Lebens, das aus der Mitte unseres Leibes strahlt, geschürt, darf es sich ausbreiten, sich ausdehnen bis in die entlegensten Winkel unseres Körpers. Es liegt an uns Menschen, was wir daraus machen. So wie die Natur einen festen Plan für die jungfräulich keimenden Knospen hat, so ist es die Aufgabe des menschlichen Bewusstseins, das Geschenk, das wir durch die Erweckung der Lust in uns erhalten haben, zu würdigen. Machen wir uns die Eigenschaft des Feuers zu Eigen, in dem wir Funken schlagend die Erde verlassen, in den geistigen Raum eintreten, um immer wieder segnend, als inspirierender Funke auf die Erde zurück fallen zu können. Immer und immer wieder!

(Romana Ulbrich)

39

fasten ist notwendig,
denn die seele wird durch zu viel blut und fett erstickt
und ist dann nicht fähig, göttliche und himmlische dinge
einzusehen und zu beurteilen.

GALENOS (129-199), ARZT AM RÖMISCHEN KAISERHOF

Fasten – die Reise nach Innen

Eine der ganz alten universellen spirituellen Traditionen ist das Fasten. Was heute als Heilfasten Verbreitung gefunden hat, entdeckt die spirituelle Seite des Fastens neu.

Fasten als religiöse Erfahrung findet sich in nahezu allen Kulturen. Die Griechen und Römer taten es, ebenso die nord- und südamerikanischen Indianer. In Indien ist es fest in der religiösen Praxis verankert und auch im Christentum sind Fasten und Gebete auf das engste verbunden.

Im Zuge einer zunehmenden Säkularisierung unserer hiesigen Gesellschaft verschwand auch das Fasten aus christlichem Geist aus dem Blickfeld des Einzelnen. Eine Renaissance erfuhr das Fasten hierzulande durch die Arbeit und die Bücher von Dr. Otto Buchinger, der als Erfinder des Begriffs „Heilfasten" gilt, den er auch als Titel seines 1935 erschienen Buches wählte.

Neben seinen gesundheitlichen und religiösen Aspekten besitzt das Fasten in der Geschichte auch einen politischen Aspekt. So wurde die Fastenfrage im 16. Jahrhundert in der Schweiz sogar zum Auslöser der Reformation, als Huldrich Zwingli mit seiner Polemik „Die freie Wahl der Speisen", die sich gegen die kirchlichen Fastengebote richtete, an die Öffentlichkeit trat. In Indien fastete sich Gandhi fast zu Tode, um seine Anhänger im Kampf gegen die britische Herrschaft zu inspirieren.

In früheren Kulturen stellte das Fasten eine Art Initiationsritus dar, der der Vorbereitung auf andere Feiern diente. So zum Beispiel bei den Griechen und Römern, die, bevor sie ihre jahreszeitlichen Erntefeiern und Fruchtbarkeitskulte durchführten, ein Fasten abhielten.

Eine magisch-rituelle Bedeutung ist auch für die Indianer Amerikas bezeugt. Bei den Mayas und Azteken spielte das Fasten als vorbereitende Handlung eine wichtige Rolle und war strengen Regeln unterworfen. So mussten sich z. B. die Priester einem siebenwöchigen Fasten unterwerfen. Bei den nordamerikanischen Indianern ist das Fasten ein Teil der Visionssuche, der sogenannten Vision Quest. Bei den Lakota besteht die Feier zur Wintersonnenwende aus einem dreitägigen Fasten und der Kultfeier am vierten Tag. Bei Schamanen und Medizinmännern ist das Fasten ebenfalls ein fester Bestandteil ihrer magisch rituellen Arbeit.

Ungeachtet weiterer Traditionen anderer Völker ist die spirituelle Essenz des Fastens überall ähnlich. Bewusstes Fasten dient der Rückbesinnung auf unser Selbst, der inneren Einkehr. Doch verbindet sich damit kein Ego-Trip, wie er heute so häufig in der esoterischen Szene anzutreffen ist, sondern die Hinwendung zu uns selbst ist lediglich der erste Schritt. Dieses sich seiner selbst bewusst zu sein ist der Ausgangspunkt dafür, um über sich selbst hinauszukommen. Dieses über sich selbst hinaus kommen meint, die unnatürliche Spaltung des Menschen in Körper und Geist zu überwinden und die natürliche Einheit wiederherzustellen. Somit führt uns das Fasten über das Profane hinaus an einen heiligen Ort in uns, wo eine Kommunikation mit dem Göttlichen möglich ist.

Ermöglicht wird diese Kommunikation dadurch, dass das Fasten den ganzen Menschen erfasst, ihn körperlich, seelisch und geistig reinigt, seine geistige Aufnahmefähigkeit steigert, die natürlichen Sinne freisetzt und ihn damit empfänglich macht für übernatürliche Wirklichkeiten. Fasten sollte somit nie Selbstzweck sein, sondern ein kontemplatives Ritual, das den im normalen Alltag verschütteten Zugang zum Göttlichen wieder öffnet.

die fastenzeiten sind teil meines wesens.
ich kann auf sie ebenso wenig verzichten wie auf meine augen.
was die augen für die äussere welt sind,
das ist das fasten für die innere.

mahatma gandhi

Jeder kann zaubern,
jeder kann seine Ziele erreichen,
wenn er denken kann,
wenn er warten kann,
wenn er fasten kann.

Hermann Hesse, Siddharta

Das Fastenwandern

Die Kombination aus Wandern und Fasten bringt uns dem ursprünglichen Sinn des Fastens näher. Neben der Hinwendung zur eigenen Person und dem eigenen Körper offenbart sich uns die Natur in einer völlig neuen Form, ausgelöst durch die vom Fasten geschärften Sinne. Wie sich die Wahrnehmung verändert, stellt man bereits beim Essen und Trinken fest, das geschmacklich viel intensiver wahrgenommen wird und einfach doppelt gut schmeckt. Viele Teilnehmer von Fastenwanderungen kommen so zu einem völlig neuen Naturverständnis und erfahren erstmalig eine so nicht gekannte, tiefe Verbindung mit ihrer Umwelt.

Mit dem Fastenwandern im Frühjahr knüpfen wir an den alten Brauch der Flurumzüge an. Mit Flurumzügen und Flurumritten bat die Bevölkerung um Segen für eine gute Ernte und steckte ihre Besitztümer erneut ab. Während dieser Umzüge wurden an verschiedenen Stellen kleinere Rituale durchgeführt und Opfergaben abgelegt. So können wir heute unsere Fastenwanderung als Flurumzug zelebrieren und mit seinem Geist nähren. Wenngleich die Segnungen auf dieser Wanderung meist nicht dem eigenen Acker zukommen werden, so tun wir doch insgesamt für unsere Mutter Erde als Ganzes etwas Gutes.

Nicht nur der Körper erfährt durch die Hingabe an das bloße Sein Reinigung, auch unser Geist vertraut sich der Leere an, kann die Last der Gedanken ausatmen und mit jedem Schritt der uns weiterführt, zurücklassen. So entsteht neuer Raum für schöpferische Gedanken, die wie ein Saatkorn in fruchtbare Erde fallen, über das Jahr heranreifen, um dann im Herbst als „Feldfrucht" geerntet werden zu können.

Der Mensch als Teil der Natur schwingt sich mit der inneren und äußeren Reinigung in die Prozesse der Erdnatur ein und kann somit intellektuell den Begriff der Vergänglichkeit und die damit verbundene freudige Botschaft des Neubeginns erfassen, kann bewusst und kraftvoll eigene Prozesse annehmen.

Unterstützend zur Entschlackung und Reinigung wirken vielerlei Kräuter, als Tee genossen, auf die Organe. Der Weißdorn, um nur eine Pflanze zu nennen, ist herzstärkend. So kann zum Beispiel jeder Fastentag einem anderen Organ gewidmet sein. Eine andere Idee ist es, die Pflanzen nach der Beschaffenheit der Landschaft, in der wir uns bewegen, auszuwählen: die äußere Landschaft als Spiegel der inneren Landschaft!

Die Schlüsselblume etwa ist eine der ersten Botinnen, die wohlriechend, aufrecht stehend, in ihrem Gelb erstrahlt. Sie lässt sich am ehesten in der wilden, vor menschlichen Einflüssen geschützten Natur, auf feuchten Wiesen, in dunklen Hainen finden. Sie öffnet den Zugang zur Selbstheilungskraft.

(Romana Ulbrich)

Ostara

Die Osterzeit lässt sich als „Fest der Morgenröte", sichtbar werdende Fruchtbarkeit, Wiederauferstehung der Natur aus dem Winterschlaf, als Tagundnachtgleiche begreifen.

Beda (735) vermutete, dass der altenglische Name Eosturmonath für April auf eine Göttin zurückzuführen sei, bei Eginhart (770-840) findet sich ein Ostermonath. Jakob Grimm leitete aus dem Monatsnamen Ostarun die Göttin Ostara ab, welche sich aber nicht direkt nachweisen lässt. Richtig ist aber, dass diese Göttin bei Betrachtung des indoeuropäischen Kontextes sehr gut belegt ist, denn sie lässt sich unter verschiedenen Namensbezeichnungen nachweisen (ags. Eystre, ags. Eastro = Ostern, altsächs. Eostre-Eostreus, ahd. Ostarmânoth, germ. Oestras, ir. Tara, altind. usra-ushas, lit. auzra, phön. Astarte, lat. aurora = Morgenröte, griech. Eos = Osten, an. austr, germ. austra = Osten). Noch 1750 werden die Externsteine „Eostrae Rupes" (Ostaras Felsen) genannt.

Die Christen legten das Osterfest erst im Jahre 325 auf den Sonntag nach dem ersten Vollmond, der der Tagundnachtgleiche folgt, also in eine abnehmende Mondphase. Wie widersinnig, wie weit entfernt von natürlichen Zusammenhängen! Im Jahresrad steht das Fest eher bei zunehmendem Mond in der Zeit um die Tagundnachtgleiche.

Ei

Das Ei ist das Ursymbol für Fruchtbarkeit, Urzelle allen Seins, aber auch für die ewige Frage, woher dieses fruchtbare Leben kommt (Henne oder Ei?). Seine typische Form, ohne Anfang und Ende, hält etwas Geheimnisvolles verborgen und beschützt das zerbrechliche Leben, bis dieses sich aus dem Dunkel heraus ans Licht bricht, ähnlich den Pflanzentrieben aus der harten Scholle.

Die kanaanitische Göttin Astarte wurde am 17. März mit rot gefärbten Eiern geehrt, um das Verschmelzen von weiblichem und männlichem Prinzip zu feiern. Die Maori heiligen Dinge durch Rotfärben, die rote Farbe nennen sie Menstruationsblut (nach: Briffault). Da es als Symbol aus dem heidnischen Leben wohl nicht zu verdammen war, wurde von der christlichen Kirche im 12. Jahrhundert in die Liturgie aufgenommen als „Benedictia ovorum – Segnung der Eier". „Die ägyptische Hieroglyphe für das kosmische Ei war identisch mit der für den im Schoß einer Frau liegenden Embryo." (B. Walker)

Ostara

Frühlingsanfang - Ostern

Hase

Der Hase wird als Tier in allen europäischen Traditionen mit Fruchtbarkeit in Verbindung gebracht, ist doch der März seine „Rammelzeit". Er war das heilige Tier der Liebesgöttin Aphrodite. Im Jahr 751 verbot Papst Zacharias den Verzehr von Hasenfleisch, weil es wohl eine Gefahr für christliche Keuschheit darstelle. Aprilis, römische Göttin von Liebe und Tod, ist Namensgeberin des Monats April und eng verwandt mit lat. aperire, das „öffnen" bedeutet. Das Banner der keltischen Königin Boudicca trug das Zeichen des Mondhasen.

Brezel

Symbol der wiederkehrenden ewigen Erneuerung und altdeutsches Gebäck zur Fastenzeit, war es dem Donar geweiht. Meyers Lexikon führt an, dass sie als heidnisches Gebäck, sog. Heidwecken, 753 verboten wurde.

Lohenzauber – Brauchtum an Ostern

Wenngleich die heidnischen Osterfeuer 742 auf dem Kirchentag zu Regensburg verboten wurden, so hat sich dieser Brauch in der Bevölkerung doch am längsten erhalten. Obwohl Freiwillige Feuerwehr, Schützen- oder christliche Brauchtumsvereine den Osterfeuerbrauch zwar am Leben erhielten, aber vom Sinn entkleideten, werden diese Feuer heute wieder zunehmend unter Kenntnis der ursprünglichen Bedeutung entzündet.

Das Feuer soll auf magische Weise die Sonne auf die Erde herabziehen, den Frühling begrüßen und die fruchtbare Zeit des Jahres einleiten. Als Zeichen dafür, dass der Winter überwunden ist, werden vielfach Strohpuppen verbrannt. Zunehmend mehr Feuer werden wieder wie früher mit einem an Feuerstein oder Feuerbohrer entzündeten Neufeuer entfacht. Die Asche wird auf den umliegenden Feldern verstreut in der Hoffnung, die Äcker fruchtbarer zu machen und die Kraft des Feuers auf Feld, Saat und Keim zu übertragen.

Biikebrennen – eine alte friesische Tradition lebt

Winteraustreibung, heidnischer Feuerkult oder Piratenabschreckung? Diese und andere Erklärungen hört man viel über die in den letzten Jahren neu erwachte Tradition der Biikefeuer (von Bake = Feuerzeichen), die zur Tagundnachtgleiche an der Nordseeküste und den vorgelagerten Inseln brennen. Besonders auf diesen erlebt man noch viel von der urwüchsigen dörflichen Kraft des Brauchtums. Traktoren mit Anhängern, voll beladen mit Ästen, alten Weihnachtsbäumen und Sträuchern, fahren das Brennmaterial an den Strand. Die Haufen werden gemeinsam aufgebaut, die Feuerwehr grillt Würstchen und irgendjemand schenkt selbst gemachten Punsch aus. Der Holzhaufen wird an mehreren Stellen gleichzeitig entfacht. Langsam wandern die Flammen aufeinander zu, Groß und Klein beobachten mit wachsender Begeisterung die Entwicklung des Feuers – einige still und andächtig, andere begleitet von Lachen und friesischem Schnack auf Platt. Noch leben die Biikefeuer von der Freude der Einheimischen über das Ende der kalten Jahreszeit und auf das traditionelle Grünkohlessen.

Feuerräder in Lügde – heidnischer Brauch als christianisierte Touristenattraktion

Jedes Jahr rollen im westfälischen Lügde (Lüchte bzw. Lichte gesprochen!) am ersten Ostertag mit Einbruch der Dunkelheit sechs Feuerräder ins Tal. Ein meterhohes beleuchtetes Christenkreuz am Osterberg lässt keinen Zweifel aufkommen, wer hier Deutungshoheit besitzt, im Tal toben Rummel und Discosound. Dies lässt vergessen, dass es sich hier um einen alten heidnischen Sonnenkult handelt, der sich sowohl in englischen Schriften des 16. Jahrhunderts findet wie auch in einer Biographie über Vinzenz von Agen, der als christlicher Märtyrer im 3. o. 4. Jahrhundert Zeuge eines Sonnenkultes gallischer Heiden war, bei dem ein rollendes Feuerrad im Mittelpunkt stand. Zwar geht von diesen flammenden Rädern ein ungebrochener Zauber aus, „aber wie sehr gab man sich Mühe, die heidnische Macht zu deckeln. Eintritt, Feuerwehrleute, die Menschen hinter Absperrungen, ein riesiges Osterfeuer, zu dem keiner wirklich hin konnte – was für eine *Angst* vor der wahrhaftigen Magie. Und was für ein, fast befreiender Aufschrei unter den Menschen, als eines der schweren Räder die Umzäunung durchbrach. Mehr! Mehr davon, bitte … aber schon war wieder alles unter Kontrolle. Über die Langweiligkeit konnte selbst das Höhenfeuerwerk nicht mehr hinwegtäuschen. *Ohne innere Kraft ist alles nichts.* Ohne die Lust am Leben ist alles Tand und wertlos…Wie weit müssen Menschen noch hinabsinken ins Wert- und Bedeutungslose, bis sie sich die Realisierung ihrer *wesentlichen* Bedürfnisse und Sehnsüchte wieder gestatten! Der Frühling ist eine gute Zeit über diese Fragen nachzudenken…" (Frank Cebulla)

Hallenberger Krachnacht – Bums und Wums im Sauerland

In der Nacht zum Ostersonntag versammeln sich in Hallenberg im sauerländischen Rothaargebirge kurz vor Mitternacht die Männer am Marktplatz vor der Kirche. Ausgerüstet mit Lärminstrumenten wie Trommeln, Rasseln oder Handkarren mit Metallplatten und Stahlrohren warten sie darauf, dass Punkt Mitternacht die Straßenbeleuchtung erlischt. Das Städtchen versinkt im Dunkel, die Turmuhr schlägt zwölfmal, ein christliches Passionslied wird gesungen. „Kaum ist die letzte Silbe des Liedes verklungen, setzt ein ohrenbetäubender Lärm ein, ein Heidenlärm im wahrsten Sinne des Wortes – welch ein Gegensatz zu der schwülstigen Melodie des vorangegangenen Liedes! Die Trommeln wummern unter kurzen, schnellen Schlägen, die großen Rasseln rattern und rumoren, die metallischen Schlaginstrumente steuern das ihrige zu der lärmenden Klangcollage bei. Begleitet von Fackelträgern, riesigen Lampionbäumen und einem überdimensionalen, rot bespannten und von innen beleuchteten Christenkreuz, setzt sich der Zug in Bewegung, um alle Straßen und Gassen mit Lärm und flackerndem Licht zu erfüllen." (Datura Belladonna)

Hutzelsonntag in Altglashütte/Obánya (Ungarn)

Den Sonntag nach Aschermittwoch nennt der Volksmund „Hutzelsonntag", denn er kündigte die fleischlose Fastenzeit an, in der man auch viel Dörrobst (sog. Hutzel) aß. In Altglashütte wurde um diese Zeit mit Feuerrädern und Schindelwerfen der Winter ausgetrieben. Seit einigen Jahren wird dieser Brauch durch die Mitglieder der Deutschen Minderheitenverwaltung zu neuem Leben erweckt. Die Burschen (Hutzelpuwe) errichten den Feuerstoß, lassen das Hutzelrad rollen und haben beim Schindelwerfen ihren Spaß, während die Mädel runde Hutzelkuchen backen und verteilen. Beim Schindelwerfen werden glühende Holzstücke den steilen Berghang hinuntergeworfen, jede einzelne begleitet von einem Ritualspruch, der aus voller Brust ins Tal gerufen wird und um eine gute Obsternte bittet.

(Björn Ulbrich)

Fern im Osten wird es helle,
graue Zeiten werden jung;
aus der lichten Farbenquelle
einen langen tiefen Trunk!
Aller Sehnsucht heilige Gewährung,
süße Lieb' in göttlicher Verklärung.
Endlich kommt zur Erde nieder
aller Himmel sel'ges Kind,
schaffend im Gesang weht wieder
um die Erde Lebenswind,

weht zu neuen ewig lichten Flammen
längst verstiebte Funken hier zusammen.

Novalis

48

Räderrollen und …

Das Radrollen ist ein uralter sonnenmagischen Brauch, der sich unverändert bis in die Gegenwart erhalten hat. Es ist ein riesiges Spektakel mit einer ganz eigenwilligen schaurig-schönen Stimmung, wenn große Wagenräder brennend die Hügel hinabgerollt werden. Dem Brauch schreibt man allgemein fruchtbarkeitsfördernde Wirkung zu, wie es uns z. B. aus dem Nürnberger Raum überliefert ist: „Die Knaben umwinden ein Wagenrad mit Stroh, tragen es auf einen Berg, zünden es an, und lassen es springen; soweit das Feuer leuchtet, wird die Frucht schwer." (Wöchentliches Allerley, 27.9,1782).

Zur Herstellung der Feuerräder benötigen wir zunächst einmal eine entsprechende Anzahl alter hölzerner Wagenräder. Die Räder werden ausgiebig gewässert, damit sie nicht anbrennen und nächstes Jahr wieder verwendet werden können. Die Zwischenräume der Speichen werden dann mit Stroh ausgestopft, und manchmal wird mit Pech getränkt, aber das ist eigentlich unnötig. Durch die Nabe wird ein langes Rundholz als Achse gesteckt und verkeilt, um während des Anlaufens das Gleichgewicht halten zu können. Wir stellen uns nun auf beiden Seiten des Rades auf, halten es an der Achsstange fest und jagen auf Kommando unter wüstem Johlen mit dem brennenden Rad zu Tal, durch Feld und Wiese, bis wir und das Rad irgendwann in der Senke zum Stehen kommen.

Nun ist das Räderrollen keine ungefährliche Angelegenheit, weshalb die Beachtung einiger Hinweise sehr wichtig ist: das Ritual muss mit allen beteiligten Grundstückseigentümern schriftlich vereinbart werden; es ist sicherzustellen, dass das brennende Rad keinen Schaden anrichten, also weder jemanden überrollen noch irgendwas in Flammen setzen kann – das gilt vor allem dann, wenn das Rad nach der Anlaufphase alleine weiterläuft; am Auslauf muss das Rad gestoppt und sofort gelöscht werden, optimal ist es, wenn es am Ende der Wegstrecke in einen Teich rollt oder wenn die Freiwillige Feuerwehr die Gelegenheit zu einer Schlauchprobe nutzt; die Laufbahn, -weite und die Wucht des Rades sind vorher langsam anzutesten, damit man mit dem brennenden Rad keine böse Überraschung erlebt.

(Björn Ulbrich)

49

Hoo!
Dö Scheibn schlog i zin an guat´n Unefonk und an guat´n Ausgonk.
Lesachtal

Die Scheibe,
die Scheibe will i itz treibe, Schmalz in der Pfann,
Küchle in der Wann, Pflug in der Erd, schaug, wie die Scheib außiröhrt.
Tirol

…Scheibenschlagen

Das Schlagen der Feuerscheiben ist vor allem im alpinen Raum noch weit verbreitet und ergänzt die dortigen Osterfeuer auf den Berggipfeln. Kleine glühende Holzscheiben werden auf einer Anhöhe mittels langer Stangen über ein schräg aufgestelltes Brett abgeschlagen, so dass sie – ähnlich wie Sternschnuppen – in hohem Bogen Richtung Tal fliegen. Die Flugbahn, die die feurigen Scheiben in den Himmel schreiben, haben einen engen Bezug zur Sonnenbahn, auch dieser Brauch spricht daher die natürliche wie menschliche Fruchtbarkeit an, als Symbol für ein ertragreiches Jahr.

Der älteste Beleg für das Scheibenschlagen ist uns im Codex Laureshamensis diplomaticus erhalten geblieben. Der Codex berichtet, dass am 21.3.1090 große Teile des Klosters Lorsch einer Feuersbrunst zum Opfer fielen, die durch unvorsichtiges (oder absichtliches?) Scheibentreiben verursacht wurde.

Die Scheiben selbst bestehen aus Buchen-, Erlen-, Birken- oder Föhrenholz, haben etwa 8-15 cm im Durchmesser und in der Mitte ein Loch. Sie sind mit Lampenöl getränkt, mit Harz bestrichen oder mit Stroh umwickelt. Es gibt runde Scheiben, aber auch vier- oder sechseckige und sogar stern- oder strahlenförmig ausgezackte Scheiben. Zum Abschlagen dient eine bis zu zwei Meter lange Haselrute. Die Scheibenbank, eine Art Abschussrampe, besteht aus einem Brett, welches an einem Ende zwei Füße hat und so in Schräglage im Boden fest verankert wird. Das Scheibenschlagen spielt sich nun wie folgt ab: die Scheibe wird auf die Rute gesteckt und im Feuer brennend oder glühend gemacht, dann dreimal um den Kopf geschwungen und unter Aufsagen eines Spruches an der Scheibenbank abgegellt, d. h. durch ein schleifendes Aufschlagen von der Rute gestreift und gleichzeitig hochgeschleudert.

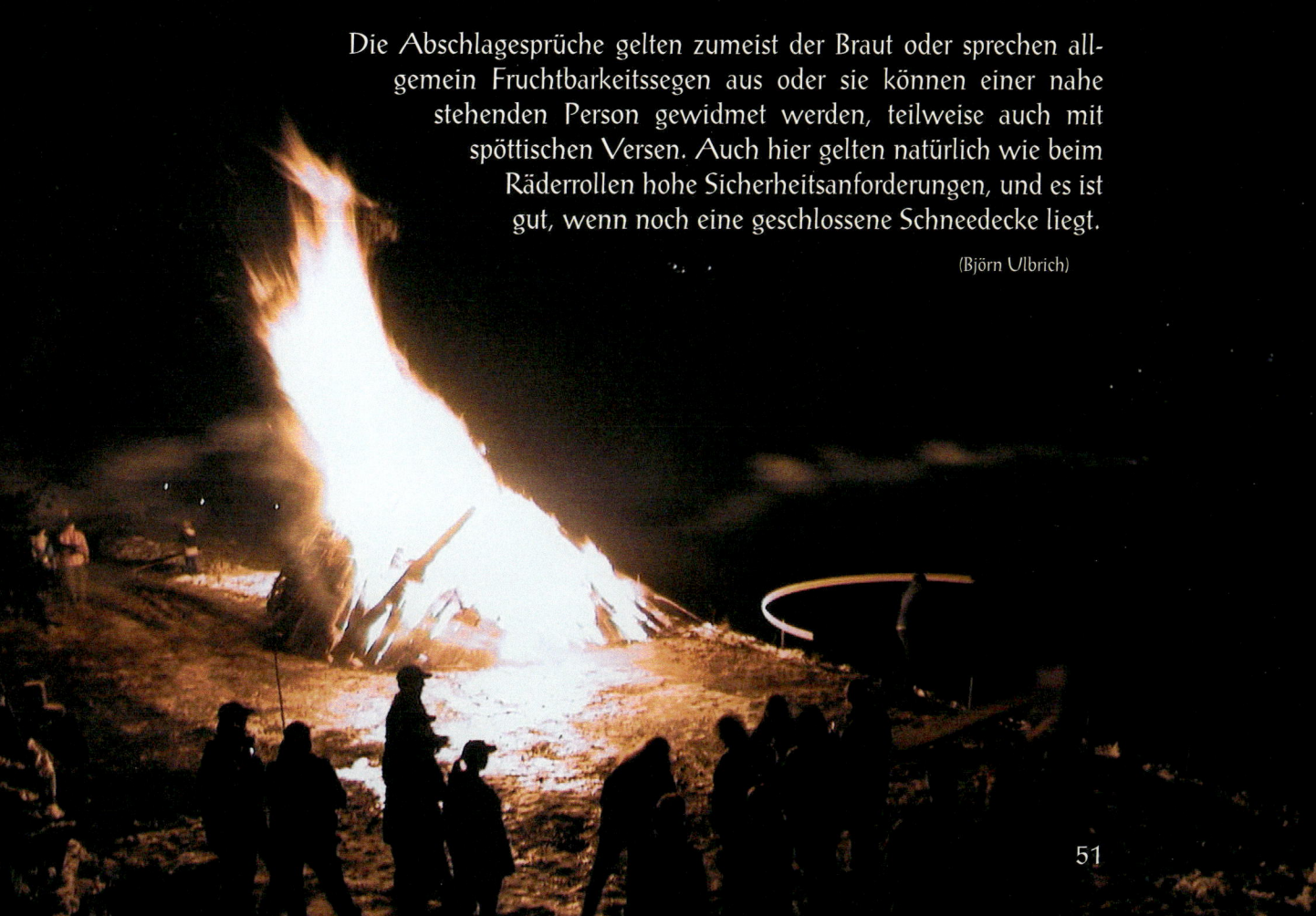

Die Abschlagesprüche gelten zumeist der Braut oder sprechen allgemein Fruchtbarkeitssegen aus oder sie können einer nahe stehenden Person gewidmet werden, teilweise auch mit spöttischen Versen. Auch hier gelten natürlich wie beim Räderrollen hohe Sicherheitsanforderungen, und es ist gut, wenn noch eine geschlossene Schneedecke liegt.

(Björn Ulbrich)

Das alamannische Osterfest und ...

1. Tag: Am Abend halten wir Reinigungsriten (Schwitzreinigung) ab.

2. Tag: Am Abend vor der Tag- und Nachtgleiche findet das Zeremoniell statt.

Hornrufung: Zuerst werden alle Kinder der Götter, die sichtbaren wie die Unsichtbaren aus allen vier Himmelsrichtungen zum Fest eingeladen. Dabei werden paarweise die Hörner in jede Richtung geblasen und Begrüßungsworte gesprochen.

Einhegung: Um den Festplatz steht der Hag, der aus zwölf Holzstangen besteht, wobei jede Stange ein Götterpaar vertritt. Jedes dieser Paare wird nun eingeladen. Zugleich wird eine dafür ausgesuchte Schnur von Stange zu Stange geschnürt, sodass ein kreisrunder Hag entsteht.

Eröffnung und Mythengesang: Ein Eröffnungslied wird gesungen und das heilige Trinkhorn zweimal im Kreis gereicht; einmal für den Vater und einmal für die Mutter des Lebens. Hernach werden Festmythen vorgetragen, welche den Wandel der Osterzeit darstellen.

Runensingen und Feuerschlagen: Auf dem Feuerplatz singen die Festteilnehmer zum Schlag einer Trommel ruhigen Runengesang, während mit Stein und Stahl Feuer geschlagen wird. Mit diesem Neufeuer wird der Holzstoß entzündet.

Siebensprung: Trommelschlag ruft zum Tanz und der Siebensprungtänzer tanzt den Siebensprung inmitten und zusammen mit den Festteilnehmern.

Opferweihe, Umtrunk, Opferung ins Feuer: Das gemeinsame Opfergeschenk (Gebildegebäck, Eier, u.a.) und die persönlichen Gaben wurden auch schon vor dem Fest auf dem *Hörgr* (= Steinhaufenaltar) niedergelegt und werden nun besungen und den Osterkräften wie Ostara, Ziu, Fro und anderen gewidmet. Der Festleiter nimmt das gemeinsame Geschenk und übergibt es dem Feuer. Wieder kreist das Horn. Dies wird von *Falsett*-Gesängen und Trommelschlag begleitet. Nun holt jeder Festteilnehmer sein persönliches Geschenk vom *Hörgr* und übergibt es dem Feuer.

Opfer und Festtänze: Musik und Gesang steigern sich und es beginnen die Tänze. Hauptsächlich Gemeinschaftstänze, wie Tortänze, doch gibt es mancherlei Reigen, der hier getanzt werden kann. Ebenso besteht bei einem Kreisreigen auch für jeden Teilnehmer die Möglichkeit, einen individuellen Tanz in der Mitte oder ums Feuer tanzend darzubringen.

Festgelage: Zwanglos wird nun gefeiert und geschmaust, ohne den heiligen Sinn des Festes aus den Augen zu verlieren. Es wird vielmehr die Verbundenheit gefeiert und die Freude zum Ausdruck gebracht, Teil dieses Wunders zu sein, welches wir Leben nennen.

Verabschiedung, Aushegung und Hornruf: Die heiligen Osterkräfte werden mit Gesang verabschiedet und alles was zu beginn geschah, wiederholt sich nun. Mit Dankesworten und Heilswünschen werden alle Götterpaare verabschiedet, wobei die Hagschnur wieder aufgewickelt wird. Abschließend werden wieder die Hörner in jede Richtung geblasen, womit das Ritualende kundgetan wird.

3. Tag: Ostermorgen am Tag der Tag- und Nachtgleiche

Stillschweigend, ohne irgendein Wort, wird vor Sonnenaufgang zu einer dafür ausgesuchten Quelle gewandert und das Osterwasser geschöpft, welches reinigend und heilsam auf Körper und Geist wirkt. An diesem Tag findet nun das eigentliche Festgelage statt. Es werden Spiele veranstaltet, man beschenkt sich und gegen Abend wird zum Thing (Ratsversammlung) gerufen.

(Brandolf Höß, www.alamannenkreis.at)

... der Siebensprung

Der Name „Siebensprung" taucht zum erstenmal schon um 1605 in dem Lauten-buch des Kieler Studenten Petrus Fabricius auf. 1712 macht Bonin in seinem Buch „Neueste Art der galanten und theatralischen Tanzkunst" eine Bemerkung über „die Sieben-Sprünge auf der Bauernkirmes". Aus dem Jahre 1763 liegt ein Zeugnis aus der Oberpfalz vor. Seither bricht der Strom von Berichten über den Siebensprung nicht mehr ab. In oberpfälzischen, hessischen und bayrischen Quellen des 18. Jh. wird er als sehr bekannt angegeben.

Der Siebensprung wurde nur von Männern getanzt. Die Tatsache, dass man ihn besonders zu Hochzeits-, Ernte- und Kirmesfesten und auch zu Fasnacht, Ostern und Pfingsten tanzte, deutet auf einen ursprünglichen Zusammenhang mit einstigen Fruchtbarkeitsriten hin.

Noch deutlicher zeigt sich diese vermutliche Verbindung in einem Siebensprung aus dem Usinger Land (Hessen-Nassau), der zu Pfingsten als Zeichen der Mann-barkeit aufgeführt wurde. Das erstmalige Tanzen des Siebensprunges durch junge Burschen war gleichzeitig mit der Aufnahme in den Männerbund verknüpft.

hans orem

gott gnor-em!
mach mer mol de siwesprung!

Am Tag vorher wurde er nur vom „Laubmännchen" (Hans Orem), einem in frisches Grün gehüllten Burschen, ausgeführt. Der Siebensprung wurde aber auch am
Ende der Ernte von den Schnittern um die letzte Garbe auf dem Felde getanzt, wobei
man die „Friggiön" (Freyja = nordische Göttin der Fruchtbarkeit) anrief.

Der Tanz selbst enthält typische Motive uralter Fruchtbarkeitshandlungen. Da
kommt vor allem die starke Beziehung zum Erdboden zum Ausdruck: das Sich-ihm-
im-Tanze-langsam-Nähern; das Berühren mit der Stirn oder dem ganzen Körper;
das Küssen des Bodens; das Sich-auf-der-Erde-wälzen; wie auch das Stampfen und
Klopfen auf dem Boden. Ebenso bedeuten die Sprünge in die Höhe Wachstumsför-
derung.

Im Laufe seiner Geschichte machte der Siebensprung eine große inhaltliche
Wandlung durch. Er wurde allmählich zum Paartanz mit Werbecharakter. Die
Geschicklichkeit des Burschen, seine Sprünge, Stellungen und das Verneigen bis
zur Erde galten jetzt ausschließlich dem umworbenen Mädchen. Selbst in der Form
eines reinen Männertanzes stand die Werbung um die zuschauenden Mädchen
im Mittelpunkt. Das auch dieser Sinn vielfach nicht mehr verstanden wurde, geht
aus Bemerkungen hervor, die den Siebensprung als „possierlichen" oder „grotesken
Schautanz" bezeichnen. Seine letzte Stufe, zugleich eine Zerfallserscheinung, erreichte er damit, dass sich die Mädchen an den Sprüngen beteiligten.

Anfangs des 19. Jh. noch in allen deutschen Landschaften gebräuchlich, scheint der Siebensprung fünfzig Jahre später allmählich in Vergessenheit geraten zu sein.

Die charakteristische tänzerische Figur bilden die sogenannten 7 Sprünge. Als Sprünge werden dabei ebenfalls bestimmte Bewegungen und Stellungen bezeichnet, die nicht gesprungen werden.

Der erste Teil des Siebensprunges ist ein Vortanz. Typisch sind Paarrundtänze oder ein gemeinschaftlicher Kreisreigen (Wechsel-, Galopp-, Lauf-, Hüpf-, Geh-, Schottisch-Schritt). Die interessanteste Erscheinung ist jedoch ein freier Werbetanz, in welchem sowohl der Bursche als auch das Mädchen improvisieren. Ein alter Tanz des gleichen Typus ist der *Neunersprung*, in welchem nicht 7, sondern 9 Sprünge ausgeführt werden.

Die einzelnen Sprünge, wie sie im Montafonertal (Vorarlberg) getanzt werden (nach Zoder):

1. kräftiger Sprung auf den linken Fuß mit Rückspreizen des rechten Beines, Arme am Rücken verschränkt;

2. kräftiger Sprung auf den rechten Fuß mit Rückspreizen des linken Beines, Arme am Rücken verschränkt;

3. rasches Niederknien auf das linke Knie;

4. rasches Niederknien auf das rechte Knie;

5. Aufstützen des linken Ellenbogens auf den Boden;

6. Aufstützen des rechten Ellenbogens auf den Boden;

7. Berühren des Bodens mit der Stirne.

In wenigen Fällen schließt sich an die Sprünge noch ein Nachtanz an, zum Beispiel (Walzerschritte) oder Kettreigen.

Für den Sprungteil ist folgender Ablauf charakteristisch: die sog. 1. Kehre besteht aus dem Vortanz und dem 1. Sprung, die 2. Kehre aus Vortanz und 1. Sprung, dem

sich der 2. Sprung anschließt, und so weiter. Auf diese Weise kommt von Kehre zu Kehre jeweils ein neuer Sprung hinzu, bis in der 7. Kehre alle 7 Sprünge hintereinander erscheinen. Vielfach wird der Tanz nun so weitergeführt, dass von Kehre zu Kehre ein Sprung nach dem anderen in umgekehrter Reihenfolge wieder weggelassen wird, bis man in der 13. Kehre wiederum beim 1. Sprung angelangt und damit den Tanz beendet.

Das Tempo für die Sprünge ist betont langsam, aber die Trommeln können die Stampfer in der Kehre betonen.

Als Tanzlieder eignen sich „Tanz mir mal die sieben Sprünge", „Tanz mir mal die sieben" oder „`s ist einer! – `s sind zwei! – `s sind drei". Dem Siebensprung liegt hauptsächlich dieses Lied in vielen Varianten zugrunde. Die Rufe „`s ist einer!" usw. werden gewöhnlich von allen – auch von den nur Zuschauenden – bei der Ausführung der Sprünge mitgerufen. Diese begleitenden Rufe können sehr verschieden sein, zum Beispiel: *Juchhe! – Spring hog up! – Hopp hei!*.

(Brandolf Höß, übertragen aus dem „Handbuch der Volkstänze")

Quellenehrung, Mysterienspiel und Osterfeuer

Bei der Ostarafeier unserer alemannischen Gruppe verschmelzen überliefertes Brauchtum, neuheidnische Ansätze sowie historische und mythologische Elemente zu einem lebendigen Fest.

Noch vor Sonnenaufgang treffen wir uns am vereinbarten Ort, einem Parkplatz am Waldesrand. Ungewöhnlich kalt ist es, denn der Winter zeigt uns noch ein letztes Mal mit nächtlichen Schneefällen sein eisiges Gesicht. Das Ziel der morgendlichen Wanderung ist eine Quelle tief im Wald. Einem alten Brauch folgend, wird der Weg dort hin schweigend zurückgelegt. Mit dem Schlaf noch in den Augen stapfen wir gemeinsam, aber jeder für sich in stille Gedanken versunken, durch den Wald. Die Ruhe und der monotone Schritt wirken meditativ. Ein Reh huscht über den Weg und wirkt erstaunt über die frühen Wanderer. Unsere Schurwollmäntel und die selbst genähten Gewandungen schützen uns gut vor der Kälte. Es ist ein Feiertag und die natürlichen Materialien helfen, sich auf das Wesentliche und Ursprüngliche einzustimmen.

Am Ziel angekommen, legt jeder sein kleines Quellopfer nieder. Bemalte Eier, Symbolgebäck, eine Bienenwachskerze... der Kreativität sind keine Grenzen gesetzt. Hauptsache die Gaben sind biologisch abbaubar und fügen sich gut in die Natur ein. Das Trinkhorn wird mit frischem Quellwasser gefüllt und jeder nimmt einen Schluck. Dann wird noch eine Tonflasche befüllt. Den Lauf des Jahres über verwenden wir das Wasser für unterschiedliche rituelle Handlungen. Die Rufhörner werden geblasen und brechen das Schweigen. Jeder hat eine Aufrufung vorbereitet, die nun an die Quelle gerichtet wird. Thematisch geht es dabei um die Fruchtbarkeitsgöttin Ostara/Eostre, die Mutter Erde und verschiedene mythologische Motive.

Ob Stabreim, Endreim oder freie Worte, es gelten keine festen Regeln und Möglichkeiten gibt es viele. Langsam kommen die ersten Sonnenstrahlen zum Vorschein und wir beginnen mit dem gemeinsamen Frühstück an der Quelle. Das Angebot ist reichhaltig, denn jeder hat etwas anderes mitgebracht und der warme Tee kommt jetzt sehr gelegen. Frisch gestärkt verabschieden wir uns von der Quelle und treten den Rückweg an.

Es gibt noch viel zu tun an diesem Tag. Der Ritualplatz wartet darauf, vorbereitet zu werden. Ein Teil der Gruppe säubert die Wiese und zieht einen großen Kreis aus Sägespänen, der andere schafft das Holz herbei und baut den Feuerstoß auf. Während all dieser Arbeiten vollzieht sich in der Natur etwas, was schöner und passender nicht passieren könnte. Die Sonne lässt die Temperaturen steigen und schmilzt den letzen Schnee. Pünktlich zur Tagundnachtgleiche siegt das Licht über die Kälte und lässt alle Überreste der dunklen Jahreszeit verschwinden. Ganz in diesem Sinne steht auf dem Scheiterhaufen unser selbst gebauter Wintergeist. Schon vor einigen Tagen haben wir ihn aus Leintüchern, Ästen, Stroh und einer Gipsmaske gebastelt. Er wird bei der Feuerentzündung in Flammen aufgehen.

Außerhalb des Ritualkreises hängt über einer kleinen Feuerstelle der Kessel, in dem der Eintopf für das Abendbrot zubereitet wird. Bereits im Vorfeld wurden die Feuerstellen mit der Gemeinde und der Feuerwehr abgesprochen. Wer vor hat, selbst eine Feier mit größerem Feuer abzuhalten, sollte dies in jedem Fall auch anmelden. So erspart man sich Ärger während oder nach dem Fest.

Mit all den Vorbereitungen vergeht der Tag wie im Flug. Schon bricht die Nacht herein und wir versammeln uns um den Feuerstoß. Mit einer Platzweihe grenzen wir den Ritualkreis ab. Die Grenzen zwischen Midgard und Asgard sollen verschwimmen. Dazu gehen wir im Sonnenlauf um den Kreis und entzünden in allen vier Himmelsrichtungen kleine Blockfeuer. Im Namen Donars wird der Platz geweiht und wir vergießen einige Tropfen des neuen Ostarawassers. Während des Rituales soll die Verbindung zum eigenen Ursprung und den Naturkräften der Heimat spürbar werden. Unser Blick richtet sich nicht nur auf die Gegenwart und die Zukunft, sondern im besonderen Maße auf den eigenen Ursprung. Diese Perspektive kommt im Alltag oftmals zu kurz, aber nur wer alle drei Richtungen beachtet, kann sich selbst ganzheitlich erleben. Letztlich erkennt nur derjenige, der weiß woher er kommt, auch instinktiv den Weg, der ihn in die Zukunft führt. Mit diesem Hintergrund wird eine Einladung an die Wesen des Platzes, die Ahnengeister und die Götterwelt gerichtet.

In einem Mysterienspiel wird symbolisch die Bedeutung der Frühjahrstagund-nachtgleiche dargestellt. Dabei kommt es zu einer Kampfszene zwischen dem Jüngsten unserer Gruppe und dem mit einer Perchtenmaske und Fellen verkleideten Ältesten. Musikalisch unterstützt durch Trommel und Tamburin, gehen die beiden aufeinander los, ... und nach einem wilden Kampf erliegt schließlich die düstere Gestalt dem jungen Streiter. Die darauf folgende Entzündung des Feuers stellt, wie bei jedem unserer Jahreskreisfeste, einen Höhepunkt dar. Mit dem Ostarafeuer bricht das neue Jahresviertel voller Wachstum, Fruchtbarkeit und Schaffenskraft an.

Wir bedanken uns bei den Göttern für ihren bisherigen Beistand und schließen den Bund zwischen ihnen und uns aufs Neue mit einem Trank- und Speiseopfer. Das Trinkhorn, mit dem ein Schluck Met ins Feuer gegossen wird, geht danach im Sonnenlauf durch die Gruppe. Jeder sagt frei heraus, was ihm durch den Kopf

geht und nimmt einen kräftigen Schluck. Danach wird das Ritual beendet. Noch einige Minuten stehen wir regungslos und still um das Feuer. Der Blick versinkt in den Flammen und jeder für sich lässt den Tag und seine Geschehnisse noch einmal Revue passieren. In geselliger Runde klingt der Abend bei Eintopf am Feuer aus. Es wird gesungen, geredet und das Trinkhorn zieht noch so manche Runde.

Spirituell gestärkt durch die erfahrene Rückbindung und mit dem Wissen, dass wir den Bund mit den Ahnen und der Götterwelt erneut geknüpft haben, kehren wir mit dem nächsten Tag wieder zurück ins alltägliche Leben. Auch hier soll der Blick für den ewigen Kreislauf nicht verloren gehen und wir versuchen, die wachsende Energie der Sonne bewusst in unseren Alltag einfließen zu lassen.

(Peter Kießling)

Osterwasser

Regen fällt tagelang auf die ausgehungerte Erde, dringt ein in das zarte Geflecht, aus dem neues Leben entsteht – Botschaft aus der Unendlichkeit im Kreislauf.

Es ist noch kalt. Feines Eis auf den Grashalmen. Menschen hocken hinter verschlossenen Fenstern, ihr Blick mit Sehnsucht gefüllt, starren hinaus in die nachwinterliche Stille. Eine wagt es die Fenster zu öffnen, tief die Regenluft zu atmen, dabei sich selbst zu öffnen.

Barfuß läuft sie über das gefrorene Gras, umhüllt von der Wärme und dem Duft des Schlafes, begleitet von den Träumen der vergangenen Nacht. Jeder Schritt nimmt das Beben der Erde wahr, jeder Schritt in der regennassen Erde führt sie an den Quell des Lebens.

Sie läuft ohne Ziel, hinein in die Herrlichkeit des Morgens, trinkt Regentropfen, badet ihre Füße in eiskaltem Schlamm, kann nur hören, sprechen darf sie nicht. Es gibt viel zu hören, zu spüren. Dieser Morgen ist rein, frisch und begehrenswert – wie sie. Kichern und raunen darf sie wohl, wie das Wasser zu ihren Füßen. Wasser bildet Pfade, jeder anders geformt. Pfade, die den Weg zur Quelle weisen. Nun raunen und kichern sie – Frau und Wasser, beginnen ein wortloses Gespräch.

Gespräche über das Glück, über das Sein und den Tod. Gespräche über Zukunft und Vergangenheit, über Geborenes und Ungeborenes. Ihre hoffnungsvollen Hände formen sich zu einem Gefäß und schöpfen Wasser aus dem Schoß der alten Mutter, führen es an ihre dürstenden Lippen, benetzen Haut und Haar, segnen das Heiligste.

Schön, stark und jung kehrt sie heim, in die noch verschlossenen Wohnstätten und bringt die Botschaft des wiederkehrenden Lebens mit.

(Romana Ulbrich)

Vom Aufbruch junger Knaben

Das Land erwacht nach einem langen Winter. Milde Luft durchweht die offenen Hütten. Feuerstellen werden ausgekehrt, Betten hängen aus den Fenstern, warme, wohlige Geräusche drängen aus den einst so leeren, kalten Innenhöfen. Menschen lächeln entrückt während ihres Tageswerkes. Mittags dampft die feuchte Erde, der Duft von fruchtiger Fülle steigt empor und erreicht die Geruchsnerven der Lebendigkeit. Feinstoffe dringen in das Nervengeflecht und erfüllen das Leben mit Jubel und Zuversicht. Zeit um Pläne zu schmieden, Zeit den warmen Acker vorzubereiten für große Aufgaben und heilige Pflichten. Wie leicht fällt es jetzt hinaus zu gehen, zu empfangen.

Es pulsiert der Leib, auf dem der Mensch seine Schritte einen vor den anderen setzt. Es dröhnt ihr Atem, der Meere in wilde Bewegung versetzt. Es ist ihr stoßweises Seufzen gleich einer wehenden Frau, wenn durch große Wassermassen Felsbrocken Schluchten hinunterstürzen und Leben verändern. Es ist ihr leises Lied am Ursprung des Wassers, gleich wie ein junges Mädchen, das ihre Schönheit entdeckt.

Ich träumte von schlank gewachsenen Knaben, die hinausgehen auf der Suche nach dem Weib.

Lange wandern sie über ausgedörrte Landstriche. Keine Mutterseele scheint hier zu wohnen, in ihrem Vaterland. Doch stark sind sie, ertragen Durst und Ausgehungertsein, sind geführt durch den Trieb zu leben. Nächte durchwacht, Mutter geschrieen, Tränen vergossen, Mondlicht getrunken – langsam schweigsam werdend, hörend geworden. Das rhythmische Pochen eines gewaltigen Organs versetzt ihre lechzenden Körper in Bewegung. Wie von Sinnen stampfend zieht es sie in den Mittelpunkt der Kraft. Da ist sie, die braune Erde, glänzend wie von Wasser umspülter Opal, wild wie vom Sturm durchpeitschte Wälder, stechend, wie die vom Blitz erhellte See. Sie, ungreifbar, machtvoll, lebensnotwendig, tanzt schlangenhaft aufrecht, Füße sind Erde, Leib ist Feuer, das Haupt ist Krone. Alles wird eins, Mann, Weib. Endlich gefunden, sind sie bereit zu empfangen, zu trinken, einzuatmen, hinzugeben.

Es bleibt ein mächtiger Baum, unter dem sie erwachen und Stille. Selbst Baum geworden, aufrecht, groß und stark ziehen sie wieder heimwärts und können spenden was sie empfangen.

Leben!

(Romana Ulbrich)

Jungeninitiation in der Osternacht

Frauen und Mädchen gehen bei Morgendämmerung Osterwasserholen, sie sprechen dabei nicht, diesem so geschöpften Quellwasser sagt man gesteigerte Heilwirkung nach – es ist ein Verdienst brauchtümlicher Überlieferung wie auch spiritueller Aktivität in der Frauenbewegung, dass dieses schöne Ritual nicht verloren ging, sondern sich bis heute lebendig hielt.

Doch was machen die Männer, die alten wie die jungen? Sie liegen in den Betten und verschlafen wichtige Zeit. Die vorösterliche Nacht hat keine Bedeutung mehr für sie. Das war jedoch nicht immer so, wenn auch die Belege schwer zu finden sind. Ich möchte am Beispiel von Krabat zeigen, welches Wissen Otfried Preußler mit seinem auf einer regionalen Mythe basierenden Roman über die Zeit gerettet hat, und darüber hinaus anregen, mal nachzusehen, welche Schätze noch in den alten Sagen und Mythen verborgen liegen könnten.

Krabats österliche Einweihung

Bei Anbruch der Osternacht schickt der Meister mit der Augenklappe seine zwölf Lehrlingsburschen jeweils zu zweit hinaus in die Nacht, mit dem Auftrag, „sich das Mal zu holen". Die Burschen müssen die Nacht im Freien verbringen, und zwar an einem Platz, an dem jemand gewaltsam zu Tode kam. Dann, bei Anbruch des Tages, wenn die Mädchen des Dorfes an die Quelle gehen und das Osterwasser schöpfen, versehen sie sich selbst gegenseitig mit dem Mal. Auch die Jungen schweigen in dieser Nacht, jedoch weniger, weil sie sich nichts zu sagen haben, sondern vielmehr, weil sie sich auf die Kunst verstehen „aus sich hinauszugehen, indem sie aus ihrem Körper ausschlüpften wie ein Schmetterling aus der Puppe und ihn als leere Hülle zurückließen, während ihr wahres Ich seiner Wege ging, unsichtbar, auf geheimen Pfaden einem geheimen Ziel nach." Am Morgen zeichnen sie sich über die Glut des nächtlichen Feuers hinweg gegenseitig mit Asche das Mal, einen Drudenfuß, auf die Stirn. Es ist das „Mal der Geheimen Bruderschaft". Danach kehren sie heim in die Mühle und schuften den ganzen Tag ohne Essen und Trinken, bis beim Novizen Krabat die Magie des Rituals zu wirken beginnt, als der Schweiß der Arbeit das Mal von der Stirn fließen lässt. Verschlüsselt teilt uns Preußler mit, dass es sich hier um einen einheimischen Pubertätsritus handelt, wenn Krabat „nun wieder singen konn-

te, mit dunklerer Stimme zwar, aber fest und sicher und ohne das lästige Kratzen im Hals". Nach Krabats Einweihung ist das Dutzend wieder voll in der Schwarzen Schule des Meisters.

Von Jungennacht und Mädchenmorgen

Die Osterzeit liegt am Jahresrad (Mühlrad) der Zeit um Samhain gegenüber. Gehen dort die Tore zur Anderswelt, zur Ahnenwelt auf, so schließen sie sich hier am Ende der dunklen Jahreshälfte. Die Nacht im Freien und im Dunkel, die Kontaktaufnahme zu den Ahnen und die schamanische Reise in die Anderswelt sind Bestandteile eines männerbündischen Rituals. Wie überhaupt der Meister alle Attribute Wodans, des schamanischen Wanderers und heidnischen Gottes aufweist: er ist einäugig, schwarz gekleidet, verfügt über magische Kräfte, reitet außergewöhnliche Pferde, deren Fähigkeiten an Sleipnir erinnern, er unterrichtet hierarchisch eine Geheime Bruderschaft von 12 Schülern (Monate im Jahreskreis, Tafelrunde, Männerbund), er ist der Meister des Mühlrades (Jahresrades), er versteht und nutzt dessen Magie und innere Gesetzmäßigkeiten, bleibt ihnen aber selbst als Meister und Gott unterworfen, seinen Gesellen bringt er bei, sich in Raben zu verwandeln (Hugin & Munin).

Das Schamanisch-magische dieses männerbündischen Weges zeigt sich auch deutlich im Einweihungsritual selbst. Als Odin/Wotan vollzieht er in einem selbstbestimmten Initiationsritual sein Hängeopfer, findet die Runen als Ausdruck der Weisheit der eigenen Kultur: „Ich weiß, dass ich einst gehangen am Windbaum/ Neun lange Nächte hindurch,/Verwundet vom Speer, geweiht dem Odin,/*Ich selbst, mir selbst*. Das ahnt keine Seele,/Aus welchen Wurzeln der Baum gewachsen." (Havamal, Odins Runenlied). Doch soweit sind die Lehrlinge und Gesellen noch nicht, ihr Mal zeichnen *sie selbst sich selbst* bzw. „*einer dem anderen*". Krabat, der zwölfte im Kreis der Schüler, soll Zugang zur Ahnenwelt finden, an einem Ritualplatz, an dem jemand zu Tode kam. Odins zwölfte Runenweisheit liest sich so: „Ein zwölftes kann ich. Wann im Gezweige,/Erdrosselt von Bastseil, ein Leichnam baumelt,/Dann ritz ich ein Reis mit der rechten Rune -:/Alsbald lebendig steht auf den Beinen/Der gerichtete Mann und redet mit mir." (Havamal). Und weiter in Hrafnagaldr, auch Odins Rabenzauber (!) genannt: „Nützet die Nacht, um Neues zu planen;/Bis zum Grauen des Morgens grüble, wer klug ist,/Um richtigen Rat den Göttern zu geben."

Mit dem „Schmetterling" wird noch mal ein initiatisches wie österliches Symbol in die Geschichte eingebracht, denn die Verpuppung verwandelt die erdverhaftete Raupe in ein Luftwesen, zurück bleibt eine leere Hülle: Wachstum, Entwicklung, Erlernen neuer Techniken und Sichtweisen, Sterbenlassen des Alten zum Zweck der Geburt des Neuen.

Könnte Tondas Sitzhaltung am Feuer während seiner „Reise" der Sitzhaltung ähneln, die man von Darstellungen des keltischen Hirschgottes Cernunnos kennt? Zumindest weiß man, dass diese Sitzhaltungen für Rituale dieser Art funktionieren. Bei Barbara Walker habe ich eine interessante Textstelle gefunden: „Cernunnos war ein Gefährte der Mondgöttin, deren römischer Name Diana mit dem Sanskritwort *dhyani* verwandt sein könnte, der *Versenkung*. Mittelalterliche Erzählungen sprechen von heidnischen Heroen, die gottähnliche Kräfte erwarben, als sie bei der *Kontemplation* der Göttin als Geliebte in Trance fielen."

Sehen wir uns jetzt mal an, was es mit dem Drudenfuß auf sich hat.

Drudenfuß, Schwanenfrau und Anima

Der Drudenfuß oder das Pentagramm ist ein altes heidnisches Zeichen und heute in Hexen-/Wiccacoven und magischen Frauenzirkeln gebräuchliches Symbol. Thrud heißt altnordisch Kraft oder Macht. Die Thrud war auch die Tochter des Donnergottes Thor und der goldenen Sif. Thor ist der Gott der Fruchtbarkeit, von (Mannes-)Kraft, Tatendrang und Erneuerung. In Blitz, Regen, Donner und Gewitter zeigt er sich uns. Sein Tier ist der Widderbock, sein Zeichen ist der Hammer, in der doppelten Bedeutung des Wortes – seine Zeit ist der Frühling. Sif dagegen ist die Göttin der Ernte, der Sippe und der Bewahrung. Ihr Symbol ist der Kornblumenkranz, ihre Tiere sind Feldhase, Schwan, Honigbiene und Schmetterling – ihre Zeit ist die Herbsttagundnachtgleiche und Erntedank.

Thrud ist gleichzeitig Walküre und der Druden- bzw. Thrudenfuß wäre somit die Fußspur einer Walküre, also die Spur eines göttlichen wohlwollenden Wesens. Die Gestalt des Pentagramms leitet sich aus dem Fußabdruck des Schwanes ab, dem göttlichen Vogel, in den sich die Walküren verwandeln können bzw. der als Totemtier (neben dem Raben) der Walküren angesehen werden kann.

Das Pentagramm symbolisiert im modernen Hexenglauben den menschlichen Körper (vier Glieder und der Kopf, die fünf Sinne, die vier Elemente plus der „Quin-

tessenz" und die fünf Stadien des Lebens: „1. Geburt: der Beginn, die Zeit des Eintritts in das Sein; 2. Initiation: die Jugend. die Zeit der Individuation; 3. Liebe: die Zeit der Vereinigung mit dem Du, des Erwachsenseins, der Sexualität, der Verantwortung; 4. Reife: die Zeit des fortgeschrittenen Alters, des Nachdenkens, der Integration, der Weisheit; 5. Tod: die Zeit des Endes, des Loslassens, des Voranschreitens zur Wiedergeburt." (Miriam Simos)

Die Walküre ist ein ambivalentes Wesen. Einerseits schwarze Todesbotin (Rabe), vor allem wenn es um einen gewaltsamen Tod geht, andererseits auch leuchtender Seelenvogel (Schwan), und in dieser Funktion Symbol für die „innere Frau" oder die Anima. In der Alchimie wird die Vereinigung des Initianden, die gegenseitige Durchdringung mit diesem Wesen, dieses „Ganz-Werden" in der eigenen Person als chymische Hochzeit gefeiert. Es ist die Vereinigung der inneren Gegensätze, bei jungen Männern ist es die Erweckung der inneren Frau, die einen Ausgleich zu der pubertierenden Maskulinität erlaubt und nur dadurch zu Intuition und seelischer Reife führt. Doch solange diese Entwicklung nicht abgeschlossen ist, darf diese innere Verbindung nicht durch eine Ehe mit einer irdischen Frau gestört werden, was uns sowohl in der germanischen Überlieferung als auch bei Krabat begegnet, hier nur in ganz anderer, fast gegenteiliger moralischer Bewertung an uns herangetragen wird, was schon auf starke christliche Einflüsse schließen lässt. An der Sinnhaftigkeit dieses initiatischen Prozesses wie auch seiner notwendigen Regeln ist nicht zu zweifeln, denn es gibt kaum Schlimmeres für eine Frau, als von einem unausgereiften, unfertigen, uninitiierten Mann gefreit zu werden.

„...und hüllte ihn in ihr wollenes Umtuch ein"

Die Frauen lauschen dem Raunen der Quelle und dem Fluss der Erdmutter wie auch dem der Mondin und sie tun dies bei zunehmendem Licht in der Morgendämmerung, Männer reisen zu den Wurzeln des Weltenbaumes, empfangen von den webenden Nornen, sprechen mit den Ahnen und sie tun dies bei zunehmender Dunkelheit in der Abenddämmerung – um über die rechten Schritte auf dem weiteren Weg des Lebens zu erfahren.

Die Thrud breitet ihre schützenden Schwanenschwingen über die frierenden jungen Männer in der Osternacht, wenn sie als Raben den Weg in die Anderswelt antreten.

(Björn Ulbrich)

69

Ostereiersuchen mit der Familie

Es ist nicht immer leicht, den Bogen zu spannen zwischen dem ältesten und dem jüngsten Familienmitglied, wenn es darum geht die Freude am Erwachen der Natur zu vermitteln.

Zumindest nicht für mich als Mutter, Partnerin, Frau. Da gibt es ja immer noch den Teil in mir, der die stille und langsame Annäherung des aufbrechenden Frühlings sucht und dieses Sehnen will Befriedigung.

Also beschenke ich mich an diesem Ostersonntag und bin die Erste des frühen Morgens, die auf leisen Sohlen das Haus verlässt. Ich gehe über die Wiese hinunter zum Bach, genieße meine Nacktheit, das eiskalte Wasser auf meiner Haut, verweile eine kleine Ewigkeit und höre mir zu, höre meiner Umgebung zu, denke Wünsche in das fließende Wasser. Einen Krug habe ich auch dabei, lasse ihn voll fließen, bringe das Wasser zu meinem Haus, benetze Schwelle und Türstock und ... die nackten Füßchen und Hände der Kleinen, die schon erwartungsfroh Ausschau halten nach dem Osterhasen. Die Großen schlafen noch, immer noch erschöpft von der letzten Party, vom bitter erkämpften Sieg in der Schlacht gegen virtuelle Monster am PC.

Die Mutter in mir hat in der Küche zu tun. Hefeteig zubereiten, Zöpfe daraus flechten, Eier hineinlegen, für jeden eins. Im Ofen bekommen die Kränze eine glänzendgoldene Patina, der Duft nach Vanille und warmer Butter holt den letzten müden Mann in die Küche. Dazu Kaffee und auf dem Tisch die ersten Blumen, die die Erde hervor gibt. Auf dem Fensterbrett der gläserne Krug, halbgefüllt mit Osterwasser, in ihm spiegeln sich die ersten Sonnenstrahlen, malen Muster aus Licht an die Wand. Das gemeinsame Mahl vereint die unterschiedlichsten Interessen. Nahrung, die über den Körper aufgenommen wird und von Liebe und Schönheit gespeist wurde.

Der sehnsüchtige Blick aus dem Fenster verrät, dass es Zeit ist Eier zu suchen und zu finden. Da stehen sie alle, die Kleinen und die Großen, mit Körbchen in der Hand, scharren und schnauben wie die Pferde am Start. Wir gehen gemeinsam,

72

kein Wettlauf, doch es ist schwer die voranpreschende Kraft zu halten. Suchende, die Augen auf die Erde gerichtet, keiner will am Ende der Kette gehen. Und wirklich, ein Hase schlägt Haken, hoppelt über die Wiese in den Wald. Ja, und wer hätte es gedacht, liegen doch wirklich rote Eierchen am Wegesrand. Wie sie leuchten im vermoderten Grün des vergangenen Sommers. Farbkontraste reizen die Sinne, Wärme und Freude wird spürbar in meiner Brust. In den Astgabeln sitzen goldene Häschen. Ein Riesenei mit Schleife birgt ein Geheimnis, schmiegt sich an einen abgestorbenen Baumstumpf. Marienkäfer, feuerrot mit schwarzen Tupfen gesellen sich zu weißen Anemonen, die ihre Köpfchen neugierig aus dem trockenen Eichenlaub recken. An der großen Buche, die ihre starken Wurzeln fürsorglich mit Moos bedeckt, verbirgt sich ein Eingang in die Unterwelt. Mutige Hände werden fündig.

Am Ende wird verglichen, Gefundenes gezählt, getauscht, verteilt.

Der Jüngste, sonst laut und schnell, hockt versonnen im Laub und isst. Die Großen liegen auf sonnenwarmen Moos, schwer und träge vom Genuss der Fülle. Ich liege in den Armen meines Mannes, schaue durch blattlose Zweige in den frühlingsblauen Himmel, verfolge den kreisenden Flug des Bussards und bedanke mich. Ein jeder verbindet sich mit der Erde auf seine Weise.

(Romana Ulbrich)

Osterbuschen – Ach Du grüne Neune...!

Der Osterbuschen als Lebensrute aus 7 oder 9 verschiedenen Frühlingskräutern und blühenden Gehölzen reinigt von Innen heraus und verbindet und weckt die in uns wiederkehrenden Lebenskräfte der Mutter Erde.

Die Formen können Kränze, Lebensrunen, Handsträuße oder lange Fruchtbarkeitsstangen sein. Als Basis dient meist die Blitz abweisende Haselrute, in deren Rinde magische Symbole geschnitzt werden. Die wichtigste Pflanze ist die Weide. Zur Zeit der Weidenblüte feierten schon die Kelten ihre Fruchtbarkeitsfeste. Die Weidenrinde enthält den Wirkstoff Salicin, der ein wichtiges Grippe- und Kopfschmerzmittel ist und schmerzstillende Wirkung hat. Der Wacholder (Wachhalter) verbindet alte und verstorbene Seelen mit den lebenden Familienmitgliedern. Das Eichenlaub steht für die Kräftigung, Buchs für die Harmonisierung der Erdstrahlen. Die Mistel dient zur Erhaltung der Lebenskraft und als Fruchtbarkeitsmittel. Holunder ist das Lebenselexier für Übergangsphasen. Der Sadebaum reinigt und klärt das kreative Frühlingschaos und unterstützt die Geburtsphase. Das Immergrün mit seinen himmelblauen Frühlingsblüten verspricht Treue. Die Thuja klärt Grenzen. Das Veilchen unterstützt das Vertrauen der kindlichen Unschuld. Die Gänseblümchen bringen Licht ins Dunkel und Schlüsselblumen schließen die Himmelstüre zu den Schutzengeln auf.

Auch in den Verzierungen aller Fruchtbarkeitsstecken finden wir Fruchtbarkeitsymbole wie das Ei, die Sommertagsbreze oder andere Gebildebrote, bunte Bänder oder Haselkreuze.

(Sabine Friesch, Floristmeisterin,
Spezialgebiet Ritualarbeit und -gebinde
im Jahres- und Lebensrad,
www.blumenschule.de)

Gutzher Georg Andreas Mahkorn uf Gut Zettlitz and ter schmuc en grun sin soln alda new frnjar kombd. Al gutz- zu Zettlitzen un mul tu Horschdorff. Alwo mitgan reike grindonerstag. Zettlitzen oweit Ebenetsfeld.

Der Osterbrunnen

Dieser Erlass des oberfränkischen Gutsherren Mahkorn ist ein wertvolles Dokument. Er zeigt uns, wie alt (*altvodr*) der Brauch der Quellenverehrung und des Brunnen-schmückens ist (*schmuc*), dass die Menschen die Fruchtbarkeit der Erde erweckten (*umgan um acr un flur*) und sie dies rituell am Tage des *grünen* Donar (*grindonerstag*) unter nichtchristlicher Anleitung (*Heylingmeistr*) taten, – und dass es danach auf einem geweihten Platz im Freien (*Hag*) Essen und Trinken gab.

J.T. Künneth schreibt 1767 über einen sog. Oster- bzw. Wallbrunnen: „…vielleicht hat ein alter ritus oder Aberglaube den Brunnen solenn gemacht, und ihm den Namen erworben. In unterschiedenen Dörfern hiesiger Gegend pflegten die Landleute am Ostertage früh vor Sonnenaufgang Wasser zu holen, und heißen das heimgetragene Wasser Osterbrunn, welches dann ihrer Meinung nach sehr kostbar und gut sey." Nach ihm soll dieser Brunnen „…in dem Heydenthume und bei den Wendischen Völkern dieser Gegend, ein heiliges Wasser und im nachmaligen Pabstthume bey dem abergläubischen Landmann eine Wallfahrt gewesen sey."

Die erwähnten Wenden siedelten in diesem Landstrich im 4./5. Jahrhundert und waren zu dieser Zeit noch nicht christianisiert. So braucht es keine große Fantasie, um zu erkennen, dass sich hier eine heidnische Quellen- und Wasserverehrung im Kultus um Quellgöttinnen und geschmückte Brunnen Ausdruck verschaffte.

Die Pflege der Quellen und Brunnen war den Menschen immer oberstes Gebot, da niemand ohne sauberes Wasser existieren kann. Es ist uraltes Wissen, genauso wie die Kenntnis darüber, dass Wasser über unterschiedliche Qualitäten verfügen und der Mensch diese Qualitäten durchaus beeinflussen kann. Die zeitgenössischen Forschungsergebnisse von Masaru Emoto an Wasserkristallen sind in diesem Zusammenhang aufschlussreich und sollten bedacht werden: Wasser ist Leben!

Der heidnische Brauch des Brunnen-schmückens wurde von der katholischen Kirche zuerst bekämpft, später christianisiert und einverleibt. Zu Beginn des 16. Jhd. sorgt ein aggressiver Protestantismus für ein flächenweites Aus-

Quellen gibt kund, dasn wi be altvodr Quell un bron and Os-
lent mit ros sohn umgan mit sin Heylingmeistr um acr un flur
ma brod, ey unt win am trag. So getan und das jar 1322 am

sterben regionaler Bräuche aus heidnischer Zeit. Der technische Fortschritt im Bau
von Wasserleitungen, selbst in solch abgelegenen Gebieten wie der Fränkischen
Schweiz, besorgte 400 Jahre später den Rest, da das alte Wissen um das „warum"
längst verloren war. Es waren engagierte Heimatforscher, die den Brauch nach 1950
neu belebten. Heute ist es wieder lebendiger Brauch in Franken und angrenzenden
Regionen wie Thüringen, und so stehen weit mehr als 400 geschmückte Brunnen in
den Dörfern und Städten. In über 90% ist das Brauchtum hier nicht älter als 40 Jahre.
Offiziell kümmern sich Heimat-, Trachten-, Brauchtums- und christlich orientierte
Vereine um den Osterschmuck.

Frisches Grün von Fichte, Buchs und junger Birke wird zu Bögen, Sonnenstrahlen, vier- und achtspeichigen (Jahres-)Rädern, Bäumen und Kronen geflochten.
Blumen, zu Büscheln gebundene bunte Bänder (farbige Stoffstreifen hängen auch in
den Büschen und Bäumen rund um Quellen in Irland oder England, z. B. beim Ma-
dron Well) und Tausende von Eiern schmücken dann das Grün und den Brunnen.
Das Reinigen (sog. Brunnenfegen) der Brunnen und das Aufstellen des Grüns war
traditionell Männersache. Das Ausschmücken durften nur heiratsfähige Mädchen
übernehmen. Wenn diese Vorschriften heute auch sehr gelockert scheinen, so sind
es doch nahezu ausschließlich die Frauen, die mit der Bemalung oder der Marmo-
rierung der Eier wahre Kunstwerke schaffen. An vielen Brunnen wird musiziert
und gefeiert, an einigen sogar noch gesungen, meist christliche Choräle, aber auch
Emanuel Geibels „Wacht auf und rauscht durchs Tal ihr Bronnen"!

(Björn Ulbrich)

Ostervollmond

Draußen weht ein kalter Wind, dichte Wolken fegen mondwärts, blattlose Bäume bilden Fratzen gegen den weißschwarzen Horizont. Aus meiner Räucherschale umwirbeln uns glühende Salbeifunken, ich atme Heimat und Geborgenheit. Um den Ostermond zu sehen, haben wir uns auf den Weg gemacht. Drei Frauen mit Laterne, Räucherschale und Rasseln, aufmerksam schauend und spürend zieht es uns in die Dunkelheit, hinauf in die verfallenen Gemächer der Weißen Frau. Schaurige Geschichten erzählt man sich im Dorf – schau-rig, schau-reich!

Ein wenig fürchten wir uns vor dem Eintritt in das Tor der Dunkelheit. Der Wald ist still, nur das Geräusch unserer Schritte auf dem steinigen Weg dringt zu den Bäumen, und die Rasseln erbitten zaghaft fragend Einlass in die unsichtbare Welt...

Die Luft flimmert, meine Augen sind weit, sie wollen hinter die Dunkelheit sehen. Wir ziehen Kreise aus unserer Lebendigkeit, bestimmen die Grenzen, stimmen ein in den wispernden Gesang, der die Nacht erfüllt. Wie schön es doch ist, mit ihr zu singen, sich von ihrem weißen Atem durchdringen zu lassen. Welch Freude, an einem Ort des Friedens einkehren zu dürfen, im tiefsten Schwarz der Nacht weißes Licht zu trinken.

Ruhe kehrt ein in unsere zitternden Herzen, und Stille. Vertrauensvoll geben wir uns der Erde hin, uns und unsere Bitte an die große Mutter, im Angesicht des Mondes. Feuchte Erde an den Fingern und mit ihr ein geschmeidiges, zartes Ei in den Händen, welches von geahnten Wonnen kündet.

Gesegnet seien all meine Kinder, die ich geboren. Nun vernimm den Wunsch nach Lust, die einzig der Lust dient! So sei es!

Schatten flitzen über das Gemach der weißen Frau, der Mond zeigt uns sein lächelndes Antlitz. Eine ganze Weile sehen wir uns ihn nur an, lassen den Atem fließen, bis wir berauscht sind von weißem Licht, von der runden, vollendeten Schönheit, von der Lust, von uns selbst.

Wir trinken roten Wein und tränken mit ihm die Erde. Wir essen Brot und streuen Getreide in die vier Winde. Es ist Zeit zu gehen, die Spuren zu verwischen. Ein Waldkauz mahnt erneut zum Aufbruch und wir spüren einen Luftzug, der uns frösteln lässt. Heimwärts zieht es uns. Gerne waren wir Gast.

(Romana Ulbrich, Vollmondritual in einer Burgruine)

Vom Säen und Ernten

Im Schein der Kerzen, geweiht für stürmische Zeiten, richtet sich das Augenmerk auf die Zukunft. Bilder und Visionen tauchen auf, deren Same später gelegt wird. Was will ich nähren, wo geht mein Weg hin.

Während die letzten Schneestürme übers Land ziehen, sich mit warmen Frühlingsbotinnen abwechselnd, begegnen wir uns zu Ostara, um das beginnende Leben zu feiern. Jung sehen sie aus die Frauen, wach und lebendig. Jede hat Samen und Erde mitgebracht, um Verschiedenstes zu säen. Es sind Samen des Neubeginns. Die Jungfrau im Grünen wird gepflanzt, Sonnenblumen, Zigeunerblumen, die die bunte Vielfalt bringen sollen. Elfenspiegel und Zaubernuss werden gesät, damit die eigenen Blüten bis in den Winter hineingehen und Kälte und Schnee überdauern. Wildblumensamen tragen den Wunsch mit sich, die eigene Wildnatur blühen zu lassen. Die Bienenfreundin wandert summend in die Erde. Saatkörner des Lebens liegen im Kreis. Grüne Tücher und gelbe Bänder flattern im kalten Frühlingswind.

Die Samen werden auch in uns wachsen und wenn wir den Sonnwendgürtel tragen und die Kräuterbüsche durchs Feuer ziehen, ist vieles gereift. Umgeben von Blütenfülle und Farbenpracht genießen wir die Früchte des Sommers, geschmückt mit einem Blütenkranz.

Wir erfreuen uns an dem, was wir gesät haben und begrüßen den Beginn der Erntezeit. Die Roggenmuhme wird auf die Felder gebracht, geflochten aus Getreide, Kornfrauengebinde, Dank für die reiche Ernte. An Ostara gesät, erblüht, gereift und voller Früchte, ernten wir freudig. Der Weg in die dunkle Zeit beginnt. Wir werden einen guten Winter haben, wenn wir unseren Sommer voll und großzügig gelebt haben. Und so geben wir goldene Gaben, geben von unserem Reichtum, lassen etwas von der Fülle, von unserer Ernte, zurückfließen. Sie wird Wegzehrung sein, uns nähren in der dunklen Zeit.

(Cambra Skadé, aus: Töchter der Mondin)

Beltaine

Die Kelten feierten mit diesem Fest den Einzug des Sommers, des sorglosen Lebens und der vollen Bäuche. Auf dem Jahresrad liegt Samhain direkt gegenüber, welches die keltische Vorstellung spiegelt, dass das Licht aus dem Dunkel entsteht, der Tag aus der Nacht und das Leben aus dem Tod.

Beltaine (auch: Beltene, Beltane, Beltine, Baltein) war das Fest der Druiden. Die Bedeutung leitet sich ab aus den Wortstämmen „bel" (hell, glänzend) und „tine" (Feuer). Es ist bis heute Brauch in Irland, das Vieh zwischen zwei Feuern hindurch zu treiben, als Schutz vor Krankheiten und als Fruchtbarkeitsmagie. Die reinigende und heilende Kraft der Beltaine-Feuer kann man aber auch für sich selbst nutzen. Dem Tau am Beltaine-Morgen sagt man ähnliche Heilwirkung nach wie dem Osterwasser. Er bewahrt die Schönheit der Frauen, wirkt als Heilwasser und steigert Lust und Lebensfreude, das Maipaar badet zusammen nackt darin.

„So freudvoll der Beltene-Tag war", meint Botheroyd, „die Nacht davor gehörte den Bewohnern der Anderswelt, den Feen und Hexen (Walpurgisnacht)."

Feuererneuerung

Es ist alter Brauch, das Feuer auch heute noch mit einem Feuerbohrer oder einem Schlagstein zu erzeugen. So beginnt das Sommerjahr ebenfalls mit einem neugeborenen, jungen Feuer. In den schottischen Highlands wird der Funke mit einer Blätterpilzart aufgenommen, die auf alten Birken wächst.

Gehörnter & Göttin

Die Maikönigin und der Maikönig symbolisieren die Kraft der Pflanzenwelt, sie wachen über die Maifeierlichkeiten und schreiten den Prozessionen voran. Als Göttin und Gott vollziehen sie, symbolisch oder real, den heiligen Beischlaf als Widerspiegelung und magische Bekräftigung dessen, was gerade in der Natur passiert.

Cernunnos ist der Archetyp des Gehörnten, meist mit einem Hirschgeweih gekrönt und mit Torques und Schlange dargestellt. Das indogermanische „ker" bedeutet „wachsen", die Hörner symbolisieren dies. Er setzt die im Winter gefangenen Lebenskräfte wieder frei, er treibt den Saft in die Pflanzen, er regt die Fruchtbarkeit an, welche dann über die Muttergöttin Gestalt annimmt. Die Felszeichnung in Val Camonica ist die atemberaubenste Darstellung dieses Gottes, wenn sich die Schlange (Erdkraft, Muttergöttin) vor ihm statt (s)eines Phallus aus dem Boden in den Himmel reckt. In einer anderen Darstellung (Bouray) enden

Wonnemond

Beltaine-Walpurgisnacht-Hohe Maien

seine Beine in Hirschhufen. Der Lebensrhythmus der Schlange wird streng durch die Jahreszeit geregelt.

War das Hirschgeweih im Neolithikum noch ein „in sich geschlossenes Symbol für Fruchtbarkeit", spaltete sich ab der Bronzezeit die Symbolik auf in einen männlichen Phallusträger und eine weibliche Gottheit mit deutlicher Hervorherbung der Brüste, der Hüften und der Vulva. Interessant ist, dass die Wachstumszyklen des Hirschgeweihs (Abwurf, Freischaben des Bastes) mit den bäuerlichen Tätigkeiten (Saat, Reife, Ernte) im Neolithikum übereinstimmen. Die Kirche bekämpfte den Kult durch Heiligsprechung (Hubertus).

Das Horn ist aber auch das Füllhorn (cornucopia), „aus dem die Gaben der Muttergöttin entströmen", so Botheroyd, womit es zum „Komplex Lebenskraft-Geschlechtstrieb-Potenz-Fruchtbarkeit-Kraft-Stärke ausgeweitet" wird.

Heilige Hochzeit & Heiliger Sex

Die Vorstellung, dass sich eine weibliche und eine männliche Gottheit in einer Heiligen Hochzeit verbinden, ist durch die steinzeitlichen schwedischen Felszeichnungen belegt und wurzelt in indoeuropäischem Erbe, welches sich auch in altindischen Riten wiederfindet (gr. Naturgott-Erdgöttin Dione, festlandkelt. Muttergöttin Rigani-Taranis/Cernunnos, inselkelt. Dagda-Morrigan, germ. Freyr-Freyja).

Der walisische Kleriker Giraldus Cambrensis wohnte im 12. Jh. einer Krönungszeremonie in Nord-Ulster bei, über die er angewidert berichtet, „dass sich der König mit einer weißen Stute, der Muttergöttin in Pferdegestalt, Symbol des Territoriums und der Erde … vereinen musste." (Botheroyd)

Noch bis 1826 führte in Coventry eine nackte Frau auf einer weißen Stute die Mai-Prozessionen zu Ehren der Großen Göttin an, bis Puritaner durchsetzten, dass sie dies bekleidet tun musste.

In einigen Kulten des Orients wurde der eregierte Penis der Götterstatue mit heiligem Öl (gr. Chrisam; vgl. Christus) gesalbt und auch mit Pigmenten, Wein oder Menstruationsblut angemalt, damit er seine Braut, die von einer Tempeljungfrau verkörpert wurde, leichter penetrieren konnte. (B. Walker) Die Verschmelzung von weiblichem Rot (Mondblut, tantr. rakta) und männlichem Weiß (Sperma, tantr. sukra) ist Bestandteil des Großen Tantrischen Ritus. „Die Vereinigung mit der Göttin diente keinesfalls der Vermehrung; sie erzeugt durch Lust Glückseligkeit, worin sich das Göttliche oder Heilige am deutlichsten offenbart." (Chr. Rätsch)

Bis weit ins 16. Jh. wurden die ehelichen Bande für die Zeit der Maifeiern (honey-moon) ausgesetzt und die rituelle Promiskuität gepflegt, die sowohl Fruchtbarkeitszauber war, sicherlich jede Menge Spaß machte und dadurch auch „Entladungs"-funktion hatte, indem in rituell geschütztem Rahmen sexuelle Begierden und Sehnsüchte (aus-)gelebt werden konnten, ohne die gesellschaftliche Ordnung zu gefährden. Das deutsche Wort Harmonie führt sich auf Harmonia zurück, die Tochter der Aphrodite.

Dionysos

Griechischer Gott des Rausches, der Ekstase und der triebhaften Verzückung. Sein Kult ist ein orgiastischer Maskenkult mit Wein, Musik, Tanz und Sex, seine Tiergestalt ist der Ziegenbock und er ist Ursprung der klassischen Tragödie (tragos = Ziegenbock; gr. ekstasis = nackt außer sich stehen). Andere Gott/Tier-Kombinationen sind Aktaion/Hirsch, Pan/Ziegenbock, Zeus/Stier, Ammon/Widder bzw. die Faune und Satyrn, im Christentum zusammengefasst als „Teufel" (schott. Ould Hornie, engl. horny = geil).

Grüner Mann

Als Grüner Mann wird ein Gesicht bezeichnet, aus dessen Öffnungen (Mund, Nase, Augen, Ohren) Pflanzenteile herauswachsen und es in Blatt- und Blütenwerk einrahmen. Es gibt solche Darstellungen auch in Form eines Frauengesichtes, wenn auch sehr selten. Die meisten Blattgesichte finden sich an romanischen Kirchen in ganz Europa. Er ist ein uraltes schamanisch-naturreligiöses Symbol für die Belebtheit der Natur und für das Eingebundensein des Menschen in den ewigen Kreislauf von Stirb und Werde. Er zeigt das „Ur-Bewusstsein des Pflanzenreiches und zählt damit zu den ältesten spirituellen Ideen der Menschheit." (Raven Grimassi)

In den heidnischen Kult- und Mysterienspielen wurden daraus alle Arten von in Grün gekleideten Männern, mit und ohne Ruten, bis zum Knecht Rupprecht, dem „schrecklichen" Begleiter des Heiligen Nikolaus.

Waldmeister (!)

Traditionell das beliebteste Rauschmittel an den Mairiten sind Waldmeisterbowle, Waldmeisterauszug und mit Waldmeister gewürzte Biere. In geringer Dosierung wirkt Waldmeister anregend, euphorisierend und aphrodisierend, in höheren Dosen stark berauschend, sinneserweiternd und halluzinogen, wobei als Neben- und Nachwirkungen Kopfschmerzen und Katersymptome auftreten können, die neben

der eigentlichen Wirkung tagelang spürbar bleiben. Schwangere sollten auf jeden Fall die Finger davon lassen, Kinder und Jugendliche sowieso, alle anderen Erwachsenen handeln auf eigene Verantwortung und eigenes Risiko, wie immer im Leben!

Die Bowle: Getrockneten Waldmeister mit Weißwein oder trockenem Sekt übergießen, drei bis vier Stunden ziehen lassen. Dann trinken.

Der Auszug: 50g trockenen Waldmeister in 40%igem, hochwertigen Alkohol etwa 6 Stunden ziehen lassen und dann filtern. Die Anfangsdosis ist ca. 20ml, B. M. Schuldes empfiehlt Dosierungen bis 150 ml nur erfahrenen Kräuterkundigen.

Die Wirkung: „Ich war verblüfft und begeistert über die unerwartet starke Wirkung…Wir fühlten uns in zunehmendem Maße eins mit der uns umgebenden Natur…Welch ein Genuss, das grüne, lebendige, wachsende junge Gras zu spüren…Ich betrachtete die sonnendurchfluteten jungen Triebe der Birke. Indem ich die junge Birke beim Lichttrinken beobachtete, begriff ich plötzlich das ganze Wesen und Sein dieses Baumes…die Birkendeva hatte Kontakt aufgenommen…Die Anwesenden schienen sich in kleine Elfen, Trolle und Zwerge verwandelt zu haben, mit spitzen Ohren und vermoosten Haaren. Aus jedem Einzelnen von uns blitzte sein ganz persönliches, archaisches Pflanzenwesen hervor." (persönliches, ca. einstündiges Erlebnis von B. M. Schuldes)

Walpurgisnacht

Man sagt, diese Nacht sei nach Walburga, der Tochter der englischen Königs Richard und Äbtissin (779) des Benediktinerklosters zu Heidenheim (sic), benannt. Jedoch gilt als historisch gesichert, dass erst ihre Heiligsprechung zum 1. Mai die Verbindung zur Walpurgisfeier schafft wie auch die Tatsache, dass es keine zeitgenössischen Dokumente über Lebens- wie Amtszeit dieser Äbtissin gibt (Walker).

So soll auch nicht der Brocken das eigentliche Ritualzentrum sein, sondern der in der Nähe liegende Wurmberg, auf dem sich Reste einer großen Kultanlage befinden, von der nur noch das Zentrum und die sogenannte „Hexentreppe" zu sehen sind. Somit könnte Walpurgisnacht auch als Wallburgisnacht, also als Nacht auf der Wallburg, gelesen werden, „weil die Menschen am Vorabend des Maifestes zu den heiligen, oft mit einem Wall umgebenen Stätten pilgern (vgl. Wall-Fahrt, Keltenschanze, Standort der Queste auf einer Wallburg, etc.)." (G. v. Neményi)

Hagedise – Hexe

Die römische Diana Trivia und die griechische Hekate gelten in der Antike als „Hexengöttinnen". Beide werden dreigestaltig begriffen, ähnlich den germanischen Nornen. Ihre Attribute sind Fackel, Schale und Kanne (Hekate) bzw. Schlange, Ähre und Baum (Diana). Sie gelten als die Schutzgöttinnen der Schwellen, der Weggabelungen, der Grenzen und Übergänge, und dies sowohl räumlich wie zeitlich verstanden. Damit sind sie der einheimischen Hexe und der Percht ebenso verwandt wie der mittelalterlichen Hagazussa, was wörtlich „Zaunreiterin" heißt (engl. hag = heiliger Bezirk, Zaun; vgl. auch Idise, Hagtisse, Hagse). „Eine Hexe", schreibt Jörg Kraus, „hat Zugang zu beiden Seiten des Zaunes, sie ist Vermittlerin, eine Grenzgängerin, die sich bevorzugt im chaotischen Niemandsland aufhält."

Besen

Der Besen gehört zur Hexe wie das Zussa zur Hag(se). Im Haushalt dient der Besen zur Reinigung der Hütte, in der Magie zum Auskehren schlechter Energien, in der Hochzeitszeremonie als Symbol der sexuellen Vereinigung. Als die Kirche in der Renaissance die Ehe als Sakrament bezeichnete und die Trauriten festlegte, erklärte sie die Vereinigungen „durch den Besen" für ungültig, also damit alle außerhalb der Kirche vollzogenen Hochzeiten.

Aber natürlich ist der Besenstiel auch ein Götterpenis und – gut eingefettet, womöglich mit psychoaktiven Substanzen (Alkaloide) – nichts anderes als ein mittelalterlicher Dildo. Noch heute gilt Masturbation in der christlichen Kirche als verwerflich und als Teufelswerk. Vielleicht diente die Frauennacht vor Beltaine, also vor der Zusammenkunft mit dem Gehörnten, der Stimulation und der Vorbereitung, denn „ein nasser Schwamm saugt besser." (Romana Ulbrich)

Kessel

Dem Kessel kommt in der keltischen Mythologie wie auch im Ritus eine zentrale Bedeutung zu. Die Muttergöttin Ceridwen braut darin den Trunk der Weisheit, der göttlichen Eingebung und der Poesie. Der Ur-Kessel schlechthin ist sicher der Schoß der Muttergöttin als Quell des Lebens. „All diesen magischen Kesseln ist gemeinsam, dass sie in Verbindung mit den Elementen Feuer und Wasser die lebendigen und lebenserhaltenden Prozesse fördern." (Botheroyd)

(Björn Ulbrich)

Der Gehörnte tanzt wieder!

Walpurgis und das Erwachen der Kraft

Es war Winter 1995, als mein Freund Akron bei mir anfragte, ob ich mir nicht vorstellen könne, beim kommenden Beltaine-Fest die Rolle des *Gehörnten Gottes* zu übernehmen. Zunächst war ich natürlich überrascht und als er mein Zögern bemerkte, riet er mir, das Ganze ein paar Tage auf mich wirken zu lassen. Ja, der Gott der Fruchtbarkeit war mir ein wohlvertrauter Archetyp, mit dem ich mich bereits schon auf vielen Ebenen auseinandergesetzt hatte. Nur eben noch nicht auf der realen. So beschloss ich neugierig, diesem „Ruf" zu folgen.

Zu jener Zeit kannte ich Akron erst ein gutes halbes Jahr und ich hatte einige Einblicke in seinen kleinen Hexencoven werfen dürfen, als deren geistiges Oberhaupt er fungierte. Diese illustre Schar bestand aus einer wild zusammengewürfelten Gruppe jüngerer wie etwas reiferer Damen, die sich gelegentlich trafen. Zweimal im Jahr fanden sie alle zusammen, um die großen Feste Walpurgis und Samhain gemeinsam zu begehen.

Obwohl ich nicht wenige Zweifel hegte und meine Nervosität beträchtlich anstieg, fieberte ich dem Ereignis zusehends mit wachsender Neugier entgegen. Diese betraf vor allem meine Ritual-Partnerin, die ich bis dahin noch nie zu Gesicht bekommen hatte.

Lussia, die Oberpriesterin, fordert alle Frauen auf, sich im Kreis aufzustellen und spricht von der bevorstehenden Vereinigung der Gegensätze, der Hoch-Zeit des männlichen mit dem weiblichen Prinzips, das sich nun in dieser Nacht vereinige, um die Früchte dieser Erde zu segnen. Dann werden zwei vorbereitete Holzstöße entzündet, die sogleich hell aufflackern, da der Wind die letzten Stunden beträchtlich zugenommen hat. Mittlerweile ist es dunkel geworden und die Trommeln stimmen einen monotonen Rhythmus an. Lussia geht im Kreis mit einer Salbei-Räucherung zu allen Teilnehmern, um diese zu energetischen Reinigungszwecken mit einer Feder zu befächern. Nach dieser Prozedur ziehe ich mich langsam in die Dunkelheit zurück, um meine Gewandung anzulegen.

Als ich mich im Dunkeln entkleide bemerke ich, wie meine Hände leicht zittern. Die Aufregung und Anspannung des bevorstehenden Rituals lässt mir das Blut in die Schläfen schießen. Der schmale, durch den Schritt gezogene, Lendenschurz wird an der Taille nur von einem Gürtel zusammengehalten. Zu meinem *Schutz* trage ich allerdings eine luchsähnliche Maske. Schließlich ziehe ich den ledernen Halteriemen des Helms unter meinem Kinn fest, damit das schwere Geweih mir nicht vom Kopf kippen kann. Ich lege mir den grünen Mantel um und versuche mich ganz nach innen zu richten. Sofort meldet sich mein kontrollierender Verstand, der mich unerbittlich mit Zweifeln malträtiert – bin ich noch zu retten? Meine christliche Erziehung lässt grüßen: meine ich den christlichen Teufel mimen zu müssen? Was mache ich hier eigentlich?

Ich starre auf die Lichtung, wo die Frauen zu einem leichten Singsang angehoben haben, um die Göttin zu empfangen und vorzubereiten. Eine sehr schöne Frau, deren magischer Name Medea lautet, wird von zwei Priesterinnen

...als all die wild kreischenden Frauen um
mich und meine Göttin herumtanzten.
Das Flackern des Feuers bewegte sich mit
einem Mal wie in Zeitlupe und ich sah diese
Frauen tatsächlich fliegen. Ihr tanzender
Reigen erzeugte eine Wahrnehmung, von
deren ekstatischer Energie wir ebenso
getragen wurden, wie diese von der
unseren als Brautpaar...

in den Kreis geführt. Sie trägt lediglich ein weißes Kleid und auf ihrem Haupt einen geflochtenen Blütenkranz. Von flackerndem Feuerschein beleuchtet, strahlt sie für mich zwischen all den anderen Frauen hell hervor. Ich blicke hinauf in den Nachthimmel, wo die schnell vorbeiziehenden Wolkenfetzen schwach zu erkennen sind. Über mir fährt der Wind brausend durch die Baumwipfel, dass es um mich herum nur so knarrt und ächzt. Eine Gänsehaut überzieht meinen Körper – und dann ist sie plötzlich da – die Kraft! Eine magische Kraft, wie ich sie nie zuvor gespürt habe! Sie beginnt an den Beinen, kriecht nach oben und erfasst mich schließlich überall. Wie von selbst erhebe ich meine Arme ruckartig in den Nachthimmel, um gegen den anstürmenden Wind meinen Gruß zu Odin zu brüllen. Es ist, als spüre ich seine Anwesenheit in diesem Moment über mir, unter mir, in mir. Odin scheint im Heulen des Windes, im Knarren der sich im Sturmwind biegenden Äste. Überall ist Kraft! Ein paar Meter über mir ertönt ein lautes Knacken. Dann kracht ein vom Sturm abgerissener großer Ast nur knapp zwei Meter hinter mir zu Boden. Ich hebe den flatternden Umhang und brülle Odins Namen erneut.

Wie in Trance vernehme ich Lussias Stimme, die den Gehörnten ruft. Obwohl mein ganzer Körper vor Erregung zittert, schreite ich so bedächtig wie möglich aus meinem Versteck und augenblicklich verstummt jegliche Stimme. Auch die Trommeln setzen aus. Alle Augen sind auf mich gerichtet. Mein Herz schlägt mir bis zum Hals, als ich endlich vor „meine Göttin" trete und ihr in die Tiefe ihrer rehbraunen Augen blicke. Wir stehen zwischen den beiden Feuern voreinander. Mit etwas scheuer aber klarer Stimme spricht sie zu mir:

mein geliebter gott der triebe,

lass uns nun verschmelzen mit dem rhythmus der natur.

spende du mir deinen lebenssaft und

ich werde dir alle früchte dieser erde schenken.

Lussia tritt zu uns, nimmt mir meinen Mantel ab und breitet ihn neben uns auf der Wiese aus. Die Trommeln setzen wieder ein und Medea beginnt langsam um mich herumzutanzen. Ich gehe in die Hocke und erweise ihr meine Ehrehrbietung, bevor ich versuche, sie auf spielerische Weise zu berühren. Sie lockt mich mit eindeutigen Gesten, um sich mir im nächsten Augenblick aber wieder lachend zu entziehen. Während unser Balztanz andauert, beginnt der Kreis der Frauen seinen Tanz ebenfalls wieder aufzunehmen, sich dabei im Uhrzeigersinn um uns beide drehend. Die Trommeln werden schneller und ich stampfe dabei wild gestikulierend auf meine Beute zu. Ich will sie, begehre sie mit jeder Faser meines Körpers. Ich greife nach ihr und ziehe sie auf den Mantel nieder. Ihr ebenfalls erhitzter Körper drängt sich mir herrlich weich entgegen und wir halten uns eng umschlungen. Irgendwann drehe ich sie herum. Bereitwillig kauert sie sich vor mir nieder und reckt mir ihren wunderbaren Hintern entgegen. Ich packe ihre Hüften, ziehe sie zu mir heran, knete ihre Brüste und – stoße zu. Die Frauen um uns herum juchzen und schreien wild in die Nacht. Noch einmal erhöht sich das Stakkato der Trommeln, bis ich mit einem gewaltigen Urschrei über Medea zusammenfalle. Lussia springt hervor und rollt uns beide in meinen Mantel ein. Dort sind wir nun vor den Augen aller Anwesenden geschützt und dürfen ganz für uns sein. Wir liegen erhitzt und glücklich nebeneinander, halten uns an den Händen und lauschen in die Nacht hinein, während sich die Stimmen um uns herum entfernen.

(Ein Erlebnisbericht von Voenix)

91

Walpurgis – von Hexen, Kesseln, wilder Nacht und heiliger Hochzeit

Die Walpurgisnacht ist den Frauen geweiht. Sie ist die Vornacht zur erlösenden Verschmelzung der Polaritäten, zur geballten Entladung des befruchtend Männlichen in das saftig empfangende Weibliche; sie ist die Vornacht zur heiligen Hochzeit.

In dieser Nacht finden sich Frauen zusammen, um sich im gemeinsamen ekstatischen Tanz mit ihrer Urnatur zu verbinden, ihren Leib zu stimulieren, der über den rhythmischen Tanz die Erde wach ruft. Die aufgenommene Verbindung zu Erde und Frau, ermöglicht den Fluss des Erdenwissens, welches notwendig ist für die Einbringung der Saat, nicht nur im ackerbaulichen Sinne.

Der Ritt auf dem Besen verkörpert das aktive, dominante, vorantreibende Wesen des Weiblichen das männlich, befruchtende zu mehren (und wenn es sein muss auch zu zügeln), um es gleichmäßig und zur rechten Zeit auf der „Erde" zu verteilen.

Das Wesen der Frauennacht ist die Schwesternschaft. Was hier als mächtiger Begriff wirkt, hat seine Entfaltung und Stärke im wahren Tun. Frauen sind Trägerinnen, Hüterinnen allen Lebens. Unsere Gebärmutter ist das zentrale Organ, aus dem alles Leben entsteht, das leibliche Leben beider Geschlechter, das Miteinander-Leben aller Lebewesen dieses Planeten. Sie ist Speicherplatz allen Wissens, aller Schmerzen, aller Erfahrungen, aller Ungerechtigkeiten, aller Schöpfungsgeschichten, aller Generationen. Sie ist die Verbindung zu unserem Ursprung, jenseits jeder Glaubenssätze und Gedankengebäude. Sie ist die Mutter der Vergangenheit, der Gegenwart, der Zukunft. Wenn wir Frauen uns mit unserer Gebärmutter verbinden, uns von unserer Scham und Angst tanzend befreien, uns zusammenfinden als Schwestern, am gemeinsamen Lebensfeuer den Kessel bilden, können wir wieder schöpfen aus dem darin wogenden, atmenden Meer. Das starke Netz der Frauen bildet den Halt zwischen den Polen, ist die Grundlage für ein gesundes Zusammenleben aller Menschen, Tiere, Pflanzen und Wesen dieser Erde. Eine Stammesbildung fußt auf dem Miteinander der Frauen, Völker gedeihen aus deren schöpferisch wirkendem Zusammenspiel.

Wie gemein und verhöhnend sind die Bilder, die wir vom sogenannten Volksmund aufgetischt bekommen, wenn es um das Wesen dieser Nacht geht. Unser machtvoller Tanz zur Zwiesprache mit der Allwissenden, zur Bündelung der Kraft unserer Leiber wird verzerrt zum sinnentleerten Pakt mit dem Dämon. Das muss man sich auf der Zunge zergehen lassen und dann gleich wieder ausspucken.

Das Bild des Teufels als Frau, als Schwangere am Dom zu Worms will hier ganz deutlich die Dämonisierung des weiblichen Schoßes (Hort des Wissens und der Kraft) für jeden Lümmel sichtbar machen.

Doch kein Christenfeuer war je hoch und heiß genug und wird es auch nie sein, um unser Heiligstes auszubrennen. Denn wir sind Walpurga! Wir sind die Kraft, die niemals aufhören wird zu tanzen!

(Romana Ulbrich)

Fire burn,
fire burn through this heart,
fire burn, what is ready to die.

Walpurgisritual –
mit Floria, Sybille und der Hagazussa

Wir treffen uns am Abend des 30. April gegen 21 Uhr an einer Feuerstelle am Fluss. Jede bringt ein Rhythmusinstrument und rote, grüne, scharfe, aphrodisierende oder „unvernünftig-verbotene! Speisen und Getränke mit. Die Ritualkleidung ist rot oder grün oder verrückt oder wild: eine kommt als Verführerin ganz in Rot, eine als grüner Giftzwerg, eine als „Frau Flodder". Traditionell haben wir bereits ab Mittag gefastet.

Der Ritualkreis wird mit Salz gezogen. An den äußeren vier Seiten des Ritual-kreises errichten wir die Elementealtäre: im Norden für die Erde (Körper), im Osten für die Luft (Geist), im Süden für das Feuer (Energie) und im Westen für das Wasser (Gefühle). Die Feuerstelle bildet unseren Mittelpunkt.

Jetzt ist alles bereit und wir versammeln uns um die Feuerstelle und halten uns an den Händen. Nun folgt das Begrüßungsritual, indem eine Frau vortritt und sagt: „Ich bin …(Vorname)" Alle anderen begrüßen sie im Kreis mit einem „Hallo (Vor-name)", dann tritt sie zurück und eine andere Frau begibt sich in die Mitte. Nach der letzten Begrüßung stellt die Ritualleiterin fest: „Hiermit ist der Kreis geschlossen." Dann begben wir uns alle der Reihe nach zu den Altären, um die Elemente zu be-grüßen und um Unterstützung für das Ritual zu erbitten. Dabei sagt jede spontan, was ihr einfällt, was zu einer lebendigeren Verbindung führt als vorgefasste Sprüche. Wenn es nichts mehr zu sagen gibt, wird am jeweiligen Altar eine Kerze entzündet und wir gehen zum nächsten Altar. Schließlich versammeln sich alle wieder um die Feuerstelle und halten sich an den Händen. Die Ritualleiterin erinnert noch mal daran, mit welchen weiblichen Kräften wir uns bei diesem Fest verbinden wollen: die Floria (feurig-sprühende erotische Kraft), die Sybille (prophetische Kraft) und die Hexe (Kraft zur Grenzüberschreitung).

Dann macht sich die Hüterin des Feuers daran, das Feuer zu entzünden, wäh-rend alle das Feuerlied singen. Während die Flammen zu züngeln beginnen, geben wir immer mehr Kraft in das Lied. Wir tanzen, klatschen den Rhythmus, benutzen Rasseln, Schellen und Trommeln und locken das Feuer. Dieses reagiert stürmisch, ein wechselseitiger Tanz entsteht, bis das Lied irgendwann von selbst endet. Uns Frau-en ist warm, die Gesichter sind gerötet, der Atem fließt und in den Augen spiegelt sich das Feuer. Die Atmosphäre ist aufgekratzt, energetisch, wild und erotisch – wir spüren die Feuer-Energie in uns.

Diese Energie nutze wir, um das Wasser-Orakel zu befragen. Eine große Holzschale wird mit Regenwasser gefüllt und zur Westseite des Feuers gebracht. Um uns auf

Kräutermischung zum Räuchern
Nimm dazu getrocknete Lorbeerblätter,
Minze, Tollkirschenblätter, Schafgarbe
und Holunderzweige.

Wasser-Atemübung

Atme im Sitzen mit geradem Rücken ein und schöpfe dabei mit den Händen von unten herauf, beim Ausatmen lasse das Geschöpfte wieder aus den Händen nach unten fallen.

das Orakel vorzubereiten, setzen wir uns im Kreis um die Schale, verbrennen Kräuter und führen eine Wasser-Atemübung durch. Sobald eine Frau den Impuls verspürt, geht sie zur Schale und schaut hinein. Dabei merkt sie sich alle Gedanken, Bilder, Assoziationen und Gefühle, die dabei geweckt werden. Nachdem alle in die Schale geschaut haben, bringen wir diese gemeinsam zum Fluss und gießen das Wasser mit Dank und guten Wünschen hinein. Anschließend versammeln wir uns um das Feuer, um über die Vision zu sprechen und uns gegenseitig bei der Deutung zu helfen.

Um uns mit der Hexenkraft zu verbinden, tanzen wir den Tanz der aufbäumenden Schlange. Wir lassen ihn immer wilder werden und langsam spüren wir die Kraft des Gestaltwandels. Jede tanzt ihre Verwandlung, so dass ein wilder Kreis entsteht mit Löwengefauche, Wolfsgeheule und Hundegekläffe. Wir tanzen, bis die Energie nachlässt und erschöpft, befreit und zufrieden widmen wir uns unserem köstlichen Mahl aus scharfem Reissalat, Tacos mit Chilisauce, Wackelpeter, Erdbeeren mit Sahne und natürlich Waldmeisterbowle.

Zum Ende verabschieden wir uns von allen Elementen und bedanken uns für ihre Hilfe, löschen das Feuer, halten uns dann noch mal an den Händen und schauen uns dankbar an. Die Ritualleiterin verkündet die Lösung des Kreises und wir tilgen unsere Spuren … bis zum nächsten Mal.

(Heike Fuhsy)

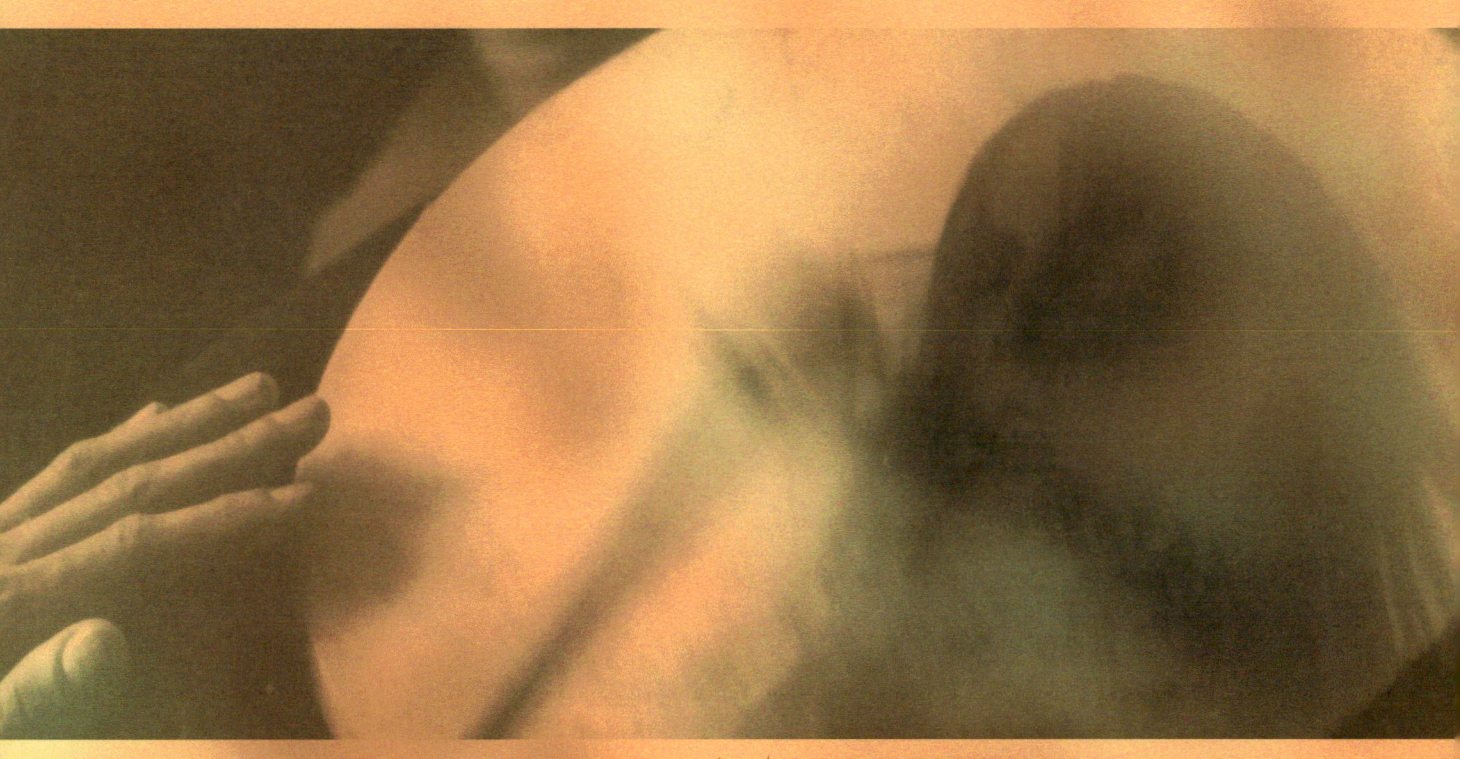

Fire light,
Fire light through this heart,
Fire light, what is ready to live.

Ritual zum 1. Mai im ZEGG

Ein sinnlich-ganzheitliches Erlebnis mit Körperbemalung, Sprung über das Feuer, Tanznacht und Abschlussreigen.

Eine Bildergeschichte von
A. Gröger und Georg Lohmann.

Walpurgis - Beltane
Ein kultisches Fest
der Fruchtbarkeit und Erdheilung

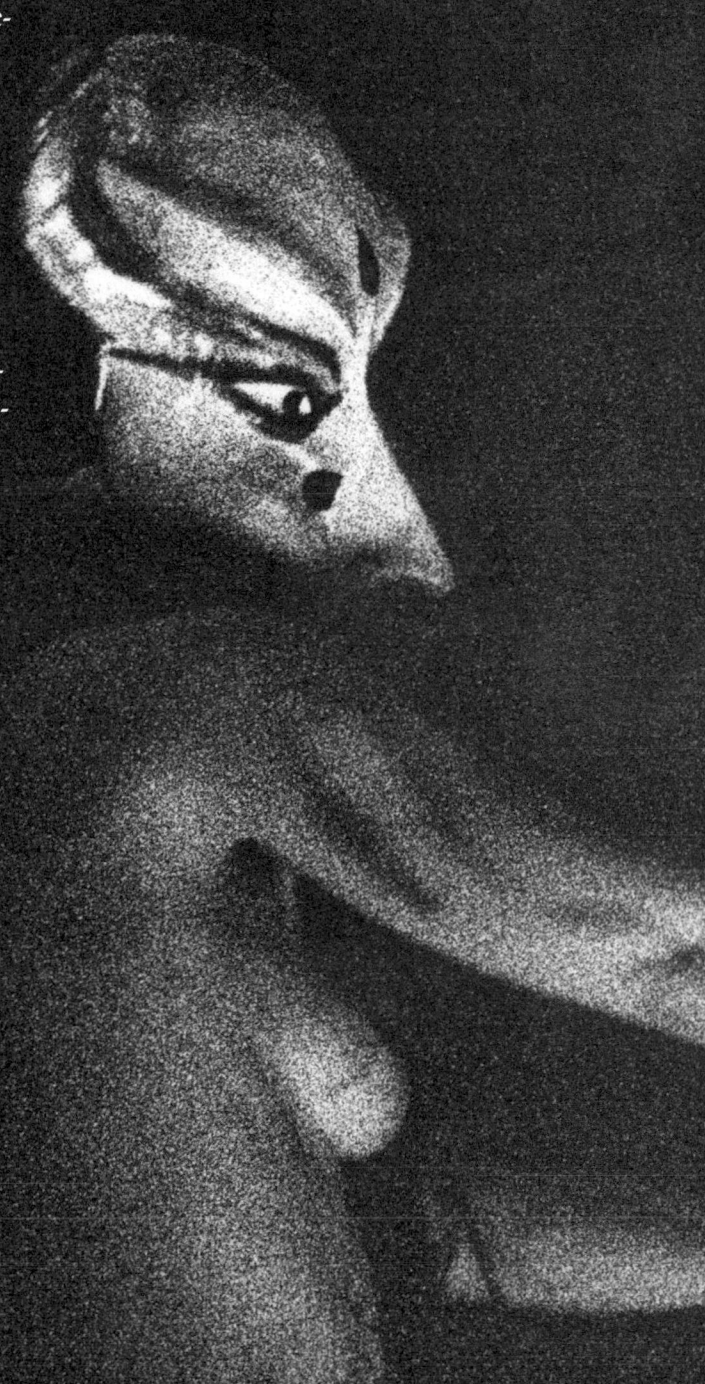

Innerhalb eines Berliner Freundeskreises, der sich mit Festgestaltung und Ritualen beschäftigt, entstand die Idee zu einer rituellen Maifeier in Anlehnung an die Walpurgis-Tradition und die keltischen Beltane-Riten. Es geht uns dabei nicht um die originalgetreue Wiedergabe eines traditionellen Rituals, sondern um die persönliche und interaktive Erfahrung der Elemente, der Jahreszeit und die Verkörperung der zugeordneten Archetypen durch Ausdruckstanz, Maskenspiel und Musik.

Die Walpurgisnacht ist eines der traditionellen acht Jahresfeste der vorchristlichen europäischen Kulturen. Es markiert den Übergang von der dunklen zur hellen Jahreshälfte und ist der Fruchtbarkeit geweiht. In seiner Symbolik ist es ein typisches Übergangsfest und wir feiern es authentisch mit Tanz, Wildheit und Lebensfreude.

Wir sehen einen Sinn darin, uns Menschen der heutigen Zivilisation wieder in die natürlichen Zyklen einzubinden, die Kommunikation mit unserer Mutter Erde zu pflegen, die Erdheilung voranzubringen und eine Herz-zu-Herz-Verbindung mit allen fühlenden Wesen herzustellen. Wir glauben, dass Ökologie weiter reichen muss als in die physikalische Realität.

Der jahreszeitliche Impuls ist seit jeher einer der Wildheit und ungebändigten Lust und Kraft. Wenn er unterdrückt wird, verschafft er sich durch Rebellion und Gewalt Ausdruck. Dies ist durch die bekannten Zuordnungen der Nacht vor dem 1. Mai zu Aufstand und Rebellion hinreichend dokumentiert. Wir möchten diesem Impuls auf kreative Weise Raum für Wildheit und Befreiung eröffnen. Darüber hinaus sehen wir in der Wiederaneignung dieses Festes eine Heilung des Missbrauchs von Traditionen

moderne magie —

durch kirchliche Institutionen und politischen Ideologien wie dem Nationalsozialismus.

Dafür setzen wir das Feiern unserer Körperlichkeit jenseits von Love-Parade-Hedonismus und patriarchaler Pornographie, um der natürlichen Erotik und Lebenskraft wieder zu angemessener Würde zu verhelfen. Dieses Feiern beinhaltet bewussten Genuss anstelle von blindem Konsum, das Ausleben der Impulse in freier und mitfühlender Kommunikation über Musik und Bewegung anstelle von Hass und Zerstörungswut. Wir vertreten den Standpunkt, dass eine moderne ökologisch ausgerichtete Politik dem Wohlbefinden und der Emotionalität der Menschen gerade im städtischen Lebensraum einen angemessenen Platz einräumen muss.

Die Beteiligten recherchieren die Traditionen und stoßen dabei auf verschiedene Archetypen und rituelle Handlungen, die dem Frühling und der Fruchtbarkeit seit alters her zugeordnet werden, sowie auch Archetypen, die sie selbst aufgrund ihrer persönlichen spirituellen Erfahrungen und Recherchen in diesem Bereich zuordnen können und gern verkörpern wollen. Anfänglich wurden von den TänzerInnen sieben Charaktere erarbeitet, die durch Masken und ein Tanzspiel dargestellt werden sollen:

- Pan – der Gehörnte, Symbol für die wilden Schöpferkräfte
- Freya – die Frühlingsgöttin
- die Schweinegöttin – vorpatriarchalische Fruchtbarkeits- und Glücksgöttin
- der Sonnenkönig als patriarchaler Kontrapunkt zur Schweinegöttin
- der grüne Mann – der Narr, Symbol für den Neubeginn des Zyklus
- das Frühlingspärchen – die Auserwählten für die Fruchtbarkeitszeremonie

Die einzelnen Teilnehmer übten sich vorher in Körperarbeit, Umgang mit Elementarenergien, Ausdruckstanz und vorbereitenden Ritualen und erarbeiteten sich sowohl gemeinsam ihren zu verkörpernden Charakter als auch die Choreographie für den gesamten Ablauf. Dabei wurden jeweils die vorherrschenden Elemente-Einflüsse des Tages, der Mondstand sowie entsprechend ausgewählte Klänge in die Arbeit einbezogen. Die Zuordnung symbolischer Farben, die Umsetzung ihrer Frequenzen im Klang und das Finden symbolisch zugeordneter Gegenstände, Krafttiere/-pflanzen und die Umsetzung innerer Visionen sind hier ebenfalls eingeflossen. Als Resultat dieser Arbeit entstanden die drei Archetypen der Göttin als weiße, rote und schwarze Verkörperung, Pan, sieben Elementargeister und das

Frühlingspaar, die Zahl von 13 Verkörperungen stand hier für Transformation: das Alte muss sterben, damit das Neue leben kann! In Anlehnung an die Arbeit von Gabriele Roth ergab sich in der gemeinsam gestalteten Choreographie von Rundtänzen eine Zuordnung der Naturelemente Wasser, Erde, Holz, Metall und Feuer zu den menschlichen Emotionen Angst, Sorge, Wut/Zorn, Trauer und Freude/Lust begleitet von entsprechenden Trommelrhythmen.

Der Tanz wird durch das Entzünden des Feuers eingeleitet und stellt die Eroberung der Frühlingsgöttin durch Pan und die Übertragung der Energien auf das Frühlingspärchen sowie ihre Vereinigung unter dem Schutz der Schweinegöttin dar. Der Tanzplatz ist eingebunden in einen Kreis von 13 Holz-Stelen bzw. Totempfählen.

Da es uns über eine reine Darstellung hinaus um ein Ritual, eine direkte Verbindung mit den Energien dieser Nacht geht, wird der Ablauf so gestaltet, dass alle anderen TeilnehmerInnen nach der rituellen Entzündung des Feuers und dem Tanzritual der 13 Archetypen in folgender Form an den rituellen Handlungen teilhaben können:

- Verbrennung der Winterpuppe aus Stroh und Kartoffelsäcken
- Verbrennung von *Altlasten* des letzten Jahreszyklus
- Segnung und das Aussprechen von Wünschen zum neuen Jahreszyklus mit Kräuteropfer
- Gemeinsamer Tanz ums Feuer durch die Nacht, begleitet von Trommeln und Didgeridoo nonstop bis Sonnenaufgang
- Bei Sonnenaufgang gemeinsame Reinigung und Aufstellen des Maibaums mit Gesängen sowie Tanz um den Maibaum

Es wird eigens für das Ritual angesetzter Met und traditionelle Maibowle gereicht.

(Thomas Zerbst,
Mikado Kristine Schütt,
www.traumstation.de,
Kostüme Marika &
Brigitte Schiller,
Fotos V. Blank)

Mai

Der Monatsname Mai führt sich auf den Wachstum und Fruchtbarkeit bringenden römischen Gott Jupiter majus zurück. Aus ahd. „meio" und mhd. „meie" wurde nhd. „mai". Germ. „maje" bedeutet Blätterschmuck, die Entsprechung „maien" = lieben klingt sinnvoll.

Vergleiche dazu das röm. Fest Floralia mit Höhepunkt am 1. Mai: die Maiköniginnen, die die Göttin Flora in den Umzügen der vorchristlichen Maikulte verkörperten, waren meist nicht älter als 13 Jahre (vgl. Defloration). G. v. Neményi berichtet über einen englischen Text von 1585, „dass die Ausgelassenheit bei der Einholung des Maibaumes so groß sei, dass von den zum Walde mitgegangenen Mädchen der dritte Teil die Ehre verliere."

Früheste Belege für „Maja", die Maikönigin, finden sich in Spanien (8. Jh.) und den Niederlanden (13. Jh.). Das engl. „sproutkale" bezeichnet lt. Walker „die Zeit des Sprießens der jungfräulichen Mutter Erde unter ihrem archaischen arischen Namen Kale, Kelle oder Kali."

Maibaum

Obwohl der älteste deutsche Maibaum samt Maitanz für das Jahr 1225 in Aachen bezeugt ist, lässt sich seine Herkunft nicht eindeutig klären. Der Maibaum selbst ist eng an Fruchtbarkeitskulte gebunden, das Lebensbaummotiv und die Nähe zu Yggdrasil, der Irminsul, der axis mundi oder dem Stein von Fal sind deutlich sichtbar. Der Maibaum ist ein kosmischer Phallus (kelt. Crann Bethadh), „gepflanzt im yonischen Heiligtum im Mittelpunkt der Welt…als Phallus Gottes in den Schoß der Erde." (B. Walker) Je nach Region werden die Bäume von Vorostern (Südeuropa) bis Mittsommer (Schweden) aufgestellt, bei uns meist zum 1. Mai.

Der Baum, eine Tanne, Fichte oder auch Birke, wird entastet und (spiralförmig) geschält, mit Ausnahme des obersten Wipfels, der sein Grün behalten muss, denn dies ist ja Symbol des heilig-heilsamen Maiens. Bunte Bänder schmücken Wipfel und Kranz, der Stamm wird meist bemalt, mit Blumengirlanden umwunden oder im dörflichen Kontext oft mit Zunftzeichen als Anzeiger der Wirtschaftskraft der Region versehen. Manchmal thront auch ein Hahn auf der Spitze.

Neben dem heidnischen Ursprung beklagte die Kirche das mit dem Errichten des Baumes und den dazu gehörigen Festen stattfindende haltlose Treiben der Bevölkerung, so verbot z. B. 1644 das englische Parlament unter Karl I. das Aufstellen von Maibäumen in England und Wales als „heidnische Eitelkeit" bzw. Bischof Eligius von Noyons wetterte im 7. Jh. gegen die „sexuellen Mairiten".

Kranz

Um das Grundgerüst des Maienkranzes wird frisches Laub von Buche, Eiche und Birke gebunden und mit Holderblüten verziert. Farbige Bänder, an vielen Orten in den keltischen Farben Blau und Weiß, aber auch Schwarz-Gelb oder Rot-Weiß, flattern im Wind. Der Baum wird durch den Kranz gesteckt und der Kranz unter der grünen Spitze befestigt. Man sieht auch Bäume, an denen drei Kränze unterschiedlicher Größe hängen, welche die drei Stufen des Weltenberges symbolisieren.

Der 1. Mai

Im Brauchtum gilt der 1. Mai bzw. der Abend davor als Tag des Baumaufstellens, denn der Baum muss stehen, bevor der Morgen graut. Leider schaut man heutzutage mehr auf den Kalendertag, denn auf die Energie des Zeitraums. Es ist ja nicht genau dieser eine Tag, sondern die Qualität dieser Zeit, die zählt. Es sind die Tage der Kreistänze und Reigen, der Lebensfreude, der Fruchtbarkeit, des Verliebtseins, der Heiligen Hochzeit und der Sexualität. Es ist die Zeit, in der Natur und Mensch das Leben in dogmenloser Freiheit feiern, worauf auch die Spanne der eigentlichen neun Walpurgisnächte hinweist. Im Kalender dagegen ist es der „Tag der Arbeit" statt der „Tag der Lust", sind es Demo, Aggression und gewalttätige Ausschreitung statt „Kreistanz und Gemeinschaft".

Ebenso widersinnig ist es, den Maibaum in einer ungeeigneten Mondphase aufzustellen, wie bei abnehmendem Mond, in einem Perigäum oder Apogäum. Der Zeitpunkt des Aufrichtens darf sich nicht nach dem Kalendertag richten, sondern muss sich am günstigsten Mondstand orientieren, soll der Baum zum „Ausrufezeichen" der Liebe werden.

Maitanz

Das Umtanzen der Maistange huldigt dem Baum als Lebensbaum und Symbol der heiligen Vereinigung von männlichen und weiblichen Energien, von Mann und Frau, von Lingam und Yoni.

Die tanzenden Paare wickeln dabei die herabhängenden Bänder beim „Eintanzen" um den Stamm und lösen sie beim „Austanzen" wieder, sie verweben ihr eigenes Leben mit dem des Lebensbaumes, aber sie bekunden damit auch das Wissen, dass wir alle und alles miteinander verwoben sind. Dieser Tanz steht in engem Zusammenhang mit den traditionellen Maientänzen um die Dorflinde, war dieser Baum doch der germanischen Liebes- und Lustgöttin Freyja geweiht. An einigen Stellen erscheint auch immer noch und vermehrt wieder der Laubmann (Grüner Mann, Grüner Georg, Jack-in-the-Green, John Barleycorn, u.a.), in junges Grün gekleidet, der durch rituelle, oft zotige Handlungen mit einer Lebensrute die Fruchtbarkeit der Tanzpaare anstachelt und das „geile" Leben aus den Menschen herausfaselt. Diese Lebensrute ist ein geschälter Weiden- oder Haselstab, der mit den Kräutern und den Blüten des Frühjahrs umwickelt sein kann.

Auch der Brauch der Laubhütte, in der sich die Maienkönigin versteckt und sich von den jungen Burschen umwerben lässt, bis sie schließlich einen davon zum Tanz und weiteren Vergnügungen erwählt, fügt sich hier ein.

Früher kam es oft vor, dass zwei Burschen sich ein Mädel griffen, es hochhoben, während ein dritter Bursch dreimal unten durchkroch. Ein wahrhaft derber Heiden-Spaß zu Zeiten, als die Unterhose noch nicht erfunden ward – oder absichtlich nicht getragen wurde.

(Björn Ulbrich)

105

LED-Beltaine rund um die Gartenleuchte

Wir haben die Feier zwar den ganzen Tag vorbereitet, aber wegen beruflicher Verpflichtungen, abendlicher Vorlesungen, einer katastrophalen Verkehrslage und eines kaputten Tiefkühlschrankes bei einem der Gäste zuhause, waren wir erst lange nach 20 Uhr alle beieinander... da blieb natürlich nicht mehr viel Zeit und so war es, als wir mit unserem Maibaum fertig waren, schon dunkel. Es war trotzdem wunderschön.

Meine Tochter hat mir tagsüber mit ihrer Freundin beim Legen des Labyrinthes um die Feuerstelle geholfen. Das haben wir dieses Jahr mit weißen Kieseln gemacht, was sehr schön war und auch von der Rumrennerei und Rumspringerei später im Garten kein bisschen zerstört wurde – kann ich nur empfehlen! Ist in einem „bravbürgerlichen" Garten hinterher zwar schlecht wieder wegzuräumen, was aber passieren muss, weil man sich sonst den Rasenmäher himmelt – aber der Effekt, dass man das Labyrinth auch noch im Stockdunkeln gesehen hat, war es wert. Außerdem haben mir die Mädchen vorher schon geholfen, den ganzen Efeu für den „Baum" zu schneiden.

Nach der ersten Runde Maibowle, für die meine Tochter und ich schon den ganzen April über den Waldmeister gesammelt hatten, damit die Bowle nicht aus dem Geschmacksverstärkertütchen komm, ging es ziemlich flott ans Werk. Der echte Waldmeister hat uns ganz schön die Füße unter dem Hintern weggezogen. Die Mädels haben den Kranz geflochten – was übrigens ein nervenaufreibendes Unterfangen ist, wenn man eine echte Floristin darunter hat, die die ganze Zeit schimpft, dass sie unter diesen Bedingungen nicht arbeiten kann; nein, sie hat nicht wirklich geschimpft, wir haben nur alle furchtbar viel gelacht wegen ihrer Kommentare, wie höchst unprofessionell das sei. In der Zeit haben die Jungs den Mast der Gartenlaterne mit Efeu in etwas verwandelt, das wenigstens aussah, als sei es lebendig.

Mit vereinten Kräften stülpten wir den Kranz dann über die Lampen, machten ihn an der Laterne fest und die Kinder schmückten ihn zuletzt mit den bunten Bändern, die sie tanzend um den „Baum" flochten. Der Gipfel des Zusammenbringens von „Reihenhaussiedlung" und „Ritual" war dann wohl die Beleuchtung der Gartenlaterne. Wir hatten in dem ganzen Vorbereitungswirrwarr nicht mitbekommen, dass zwei der Birnen kaputt waren und hatten natürlich keinen Ersatz zu Hause. Aber einer unserer Gäste verkauft LED-Lampen und hatte seine Musterkoffer im Auto – also hat er kurzerhand zu der einen weißen Birne, die noch funktionierte, eine LED-grüne und eine LED-blaue Lampe geholt und sie eingeschraubt – wir haben uns weggeschmissen vor Lachen, aber es passte einfach großartig in die total gelöste, fröhliche und lockere Atmosphäre der Feier.

Später sind wir gemeinsam durch das Labyrinth gegangen und haben uns vorher darüber unterhalten, dass ein Labyrinth etwas anderes ist, als ein „Irrgarten" … dass es in einem Labyrinth zwar oftmals so aussähe, als habe man sich verlaufen, als sei man auf dem falschen Weg oder als gehe man im Kreis oder sogar rückwärts, es einen aber letztendlich, wenn man nur bereit ist, immer weiter einen Fuß vor den anderen zu setzen, sicher wieder herausführt, ohne dass man sich auch nur ein einziges Mal verlaufen hätte.

Dann entzündeten wir unser kleines Feuer und jeder von uns hat zuerst Blumen hineingelegt, deren Bedeutung jeder für sich selbst vorher anhand der Blumenfarben festgemacht hatte und ist dann über das Feuer, in dem „seine" Blumen brannten, drüber gesprungen. Um Unfälle zu vermeiden, laufen wir dabei immer zu dritt. Nur der in der Mitte springt, während die anderen beiden, die ihn oder sie an den Händen halten, links und rechts am Feuer vorbeilaufen. Klar, dass den Kindern ein Sprung nicht gereicht hat. Wir haben viel gelacht, weil es einfach so fröhlich war, aber immer wieder wurde die Atmosphäre sehr feierlich, vor allem, wenn jemand am Feuer stand und seine Blumen hineinlegte...

Wir haben dann noch lange im Fackel- und Feuerlicht draußen gestanden, gequatscht und die Atmosphäre genossen. Jeder Gast hat etwas Eigenes zu unserem kleinen Kulturprogramm beigesteuert: eine Freundin zeigte uns ihre Gemälde der

letzten Jahre, mein Mann und ich hatten uns jeder ein Gedicht ausgesucht, das für uns eine spezielle Bedeutung hat, haben diese Bedeutung erklärt und die Gedichte vorgelesen und meine Tochter sang uns ihr Lieblingslied, das sie für den Abend auf der Gitarre einstudiert hatte. Jeder Teilnehmer, jedes Pärchen hatte etwas zu Essen mitgebracht, so dass keiner die ganze Kocherei alleine zu erledigen hatte.

Es war ein rundum gelungenes Fest, das so lange gedauert hat, wie es die Kondition der zum Teil noch recht kleinen Kinder erlaubte. Außerdem mussten einige noch sehr weit zurückfahren und konnten nicht übernachten. Der Abend war viel zu schnell herum, aber alle waren sich einig, dass wir uns nächstes Jahr wieder hier treffen werden.

Es ist schon ein bisschen „verkehrte Welt", dieser typische Einfamilienhaus-Garten mit Gartenhäuschen, Terrasse und Plastikmöbeln und darin dann Feuerstelle, Labyrinth und Maibaum. Doch nicht nur wir sind total begeistert von „unserem" Maibaum, die stockkonservative Nachbarschaft ist es ebenfalls jedes Jahr.

Ihr seht, dem eigentlichen Beltaine-Ritus werden wir nicht wirklich gerecht, aber wann immer ich nach konkreten Riten gesucht habe, fand ich nur wesentlich Aufwendigeres, das sich mit unserer kleinen Gruppe von derzeit elf Personen gar nicht verwirklichen lässt. Also haben wir einiges mit unseren eigenen Ideen vermischt und hinzugefügt, was uns angebracht erschien.

Meine Freundin, die ihre zwei Jungs dabei hatte, erzählte mir, wie sehr es sie freut und auch berührt, dass ihre Kinder sich, obwohl sie letztes Jahr das erste Mal Beltaine bei uns gefeiert hatten und das Fest (natürlich) vorher gar nicht kannten, in diesem Jahr schon eine irre Vorfreude darauf entwickelten. Sie erzählte mir, dass die Kinder das Fest ohne jeden Zweifel, ohne jeden seltsamen Gedanken einfach akzeptiert und mit Begeisterung aufgenommen haben. Wundert mich das?

(Marion Kruhm & andere Rheinländer)

Ein traditionelles Maibaumsetzen

Plötzlich war sie da, die Idee: Lasst uns doch mal einen eigenen Maibaum setzen! Und zwar auf traditionelle Art und Weise! Unter Tradition verstehen wir jedoch nicht Brauchtum, sondern die kultische Überlieferung und das alte schamanische Wissen. Drei Tage wollen wir zusammen feiern, den Baum mit reiner Muskelkraft aus dem Wald tragen, mit eigenen Händen ohne technische Hilfsmittel aufrichten und voll intensiver Freude um ihn herum in den Mai tanzen. Drei Tage im Freien ohne Strom und Handy, aber mit Kind und Kegel.

Sobald die ersten am Freitag eintreffen, beginnen wir mit dem Bau der Schwitzhütte. Eine findet im Wald einen sinnhaft geformten Ast, den wir für den Altar verwenden. Für diese *Hütte* haben wir spontan eine eigene Zeremonie entwickelt: Wir beginnen die erste Runde mit dem Element Wasser, erzeugen also eine spielerische und fließende Energie in der Hütte – ideal als Vorbereitung auf das Kommende. Die zweite Runde steht im Zeichen der Luft, da geht es philosophisch zu, heiß, ein bisschen psychoaktiv unter Zuhilfenahme von Habichtskraut. In der dritten Runde gehen wir in die Erde, nach innen, werden schwer und bodennah, legen uns *sterbend* nieder. Aber mit der vierten Runde wird unser Feuer neu entfacht, wird richtig heftig „aufgekocht". Die Neugeburt in den Osten soll unter Ekstase erfolgen: wir fassen uns an den Händen, lassen Energie fließen, ziehen Energie, der Wasserdampf kocht auf der Haut, wir schreien ... und endlich geht die Klappe auf!

... Sonntag abend stehen den meisten beim Abschied Tränen in den Augen ob dieser intensiv erlebten Gemeinsamkeit. Die wirklich wichtigen Dinge im Leben brauchen einfach ihre Zeit.

Die Jagd nach dem Baum

In der samstäglichen Morgendämmerung versammeln sich die Männer und die Jungs um die Feuerstelle, entfachen aus der Glut des Vorabends ein kleines Kochfeuer. Einer füllt frische Teekräuter in den Pott. Die Frauen, Mädchen und Kleinkinder schlafen noch, wir Männer schweigen. Eine Pfeife zieht die Runde.

Wir brechen auf, in den Wald, auf der Suche, auf der Jagd nach unserem ersten eigenen Maibaum. Auf meinem Waldstück angekommen, schwärmen wir aus, zeigen uns gegenseitig Bäume, diskutieren über Größe, Wuchs und Baumart. Jeder will den anderen übertreffen und sucht einen noch größeren Baum. Keinesfalls wollen wir einen zu kleinen Baum zurückbringen, mindestens so groß wie der vom benachbarten Dorf soll er schon sein. Reptilienhirn und Peniswahn besiegen schließlich Vernunft und Verstand und wir entscheiden uns für eine mächtige Fichte.

Vor dem ersten Axthieb sprechen wir ein gemeinsames Gebet zum Baum, wir bedanken uns für sein Opfer und erklären ihm, wofür wir ihn brauchen. Jeder spricht auch persönliche Wünsche oder Gedanken an den Baum, bevor er seinen Axthieb setzt. Gernot, studierter Forstwirt, ist der letzte Mann im Kreis, er bindet das Ende an den Anfang, führt seinen rituellen Hieb – und fängt dann an zu wüten, gibt dem Baumwesen einen schnellen fachkundigen Tod.

Jeder Mann hat eine Gabe an Baum und Wald mitgebracht und daraus gestalten wir rund um den Baumstumpf einen Altar, eine Gedenkstätte. Ein Ahornsetzling wird gepflanzt, denn um das Gleichgewicht zu wahren, bedarf jedes Nehmen auch eines Gebens.

Da liegt er nun, welch mächtiger Stamm. Noch ahnen wir nur dunkel, welche Kraft es uns kosten wird, ihn nach Hause auf den Zeremonialplatz zu führen. Wir zahlen einen hohen Preis für unsere maßlose Selbstüberschätzung, der Baum spricht uns seine erste Botschaft...

Baumtragen und Kranzflechten

Die Frauen flechten in der Zwischenzeit aus Weiden-
ruten das Grundgerüst des Kranzes und binden das
frische Reisig des gefällten Baumes dran, mit welchem
die Männer die kleinen Jungs als Vorboten Richtung
Festplatz vorausgeschickt haben. Die frischen Blüten der
Obstbäume und Kräuterbüschel geben dem satten Grün
des Kranzes Farbenfülle, dazu kommen Göttinnenfigu-
ren, ja selbst rituelle Lyrik auf Pergament.

Derweil quälen wir Männer uns mit dem Baum ab.
Irgendwie harmonieren unsere Kräfte nicht mit Länge
und Gewicht des Baumes. Außerdem wird er, je weiter
wir ihn aus dem Wald heraustragen, immer schwerer.
Wir ächzen und stöhnen, in immer kürzeren Intervallen
müssen wir Pause machen. Wir brauchen 6 Stunden
für 3 km! Doch wir geben nicht auf. Ein Junge kommt
gelaufen und berichtet, dass die Frauen nackt auf dem
Ritualplatz herumlaufen. Das wollen wir sehen! Baum
geschultert, die letzten 200 Meter den Hang hoch ge-

schnauft, und wirklich: vorne großes Hallo und Gekrei-
sche, die Frauen begrüßen Baum und Männer lebens-
froh mit wedelnden nackten Hinterteilen und gelupften
Röcken. Vorne bremst's und geht nicht weiter, weil die
sich nicht sattsehen können, hinten schiebt's, weil die
auch was sehen wollen.

Wir können den Baum kaum noch halten, aber die
Frauen bestehen darauf, dass der ganze Baum mitsamt
allen Männern durch den Kranz muss. Derbe Zoten
begleiten dies Tun. Geht's noch deutlicher!

Das Aufstellen

An den abgeschälten Baum wird direkt unterhalb der Spitze der geschmückte Kranz befestigt, und etwa auf halber Stammhöhe die 8 bunten Bänder, die wir für den Bändertanz brauchen. Damit die Bänder beim Aufstellen des Baumes weder im Weg herumhängen noch gar abreissen, fassen wir die Enden in einem Beutel zusammen. Die Segler und Kletterer unter uns befestigen die Aufstellseile am Stamm, und zwar so, dass man an ihnen zwar einerseits kräftig ziehen kann, sie sich aber andererseits durch einen leichten Zug an einem anderen Seil clever von unten lösen lassen, wenn der Baum steht.

Nun müssen alle Männer nochmal ran und den Maibaum aufstellen. Das dicke Ende kommt ans Loch, dann heben wir hinten an und arbeiten uns nach vorne, bis die erste der beiden Hebestangen drunterpasst, dann die zweite, und erstmal Pause. Schritt für Schritt, Meter für Meter wuchten wir den Baum in die Senkrechte, die Frauen und Kinder feuern uns mit aufmunternden wie auch unflätigen Zurufen aus sicherer Enfernung an. Plötzlich rutscht das Baumende ins Loch, wir halten das schwankende Ungetüm mit den Hebestangen und den Zugseilen im Lot, während zwei Männer schnell die Zwischenräume wieder mit Erde und großen Sandstein-brocken füllen, und zu guter Letzt noch riesige Holzkeile einschlagen. Großes Gejohle, welch eine Freude, unser Maibaum steht!

Wir Männer sind fix und fertig, Muskeln und Bandscheiben schmerzen, ... jetzt heißt es nur noch, das Bänderwirrwarr zu entknoten.

Tanz in den Mai und Mailied

Der Baum steht, die Tanzbänder sind entwirrt. Wir eröffnen das gemeinsame Mahl. Welch grandiose Festtafel haben die Frauen hier auf die Wiese gezaubert. Es gibt alles und das reichlich. Und das muss auch sein, denn wir Männer sind heute morgen fastend in den Wald aufgebrochen und hatten weder etwas zu Essen noch zu trinken dabei. Keiner dachte daran, dass wir den ganzen Tag unterwegs sein würden.

Die Dämmerung bricht schnell herein, die Männer kriegen die Beine nicht mehr hoch, wir verschieben den Tanz um den Baum auf den nächsten Morgen.

118

Tom, unser Tanzmeister, leitet den einfachen Bänderreigen mit Flöte und kräftiger Stimme an. Vier Männer und vier Frauen greifen sich je ein farbiges Band, tanzen singend und gegenläufig, immer einmal rechts und einmal links herum, um den Baum. Der kalte Nieselregen kann uns die Laune nicht verderben. In unseren Herzen ist längst Frühling. Die Koordination gerät aus den Fugen, wir tanzen ausgelassen, singen, johlen, hüpfen, und pfeifen auf die Ordnung. Das Bändermuster sieht aus, als wären wir auf Pilz gewesen.

NUN WILL DER LENZ UNS GRÜSSEN

1. Nun will der Lenz uns grü-ßen, von Mit-tag weht es lau; aus al-len Wie-sen sprie-ßen die Blu-men rot und blau. Draus wob die brau-ne Hei-de sich ein Ge-wand gar fein und lädt im Fest-tagsklei-de zum Mai-en-tan-ze ein.

Fakten & Tipps

Das Wetter änderte sich mehrmals am Tag schlagartig. Warmer frühlingshafter Sonnenschein wechselte ab mit dunklen Wolken und Hagelschauern. Dazu ein heftiger kalter Wind. Da ließen die Frauen ihre schönen Kleider im Zelt, und auch uns Männern stand wenig Sinn nach Kilt und weißem Hemd.

Gernot, dick eingepackt in Faserpelz und Holzfällerjacke, schält den Stamm mit einem Schäleisen. Als Hebestangen nahmen wir unterarmdicke frische Fichten, das Bild zeigt die richtige Verknotung. Das Loch für einen Baum dieser Länge sollte gut 1,70-2,00 Meter Tiefe haben; blöd nur, wenn man auf halbem Wege auf massiven Thüringer Sandstein trifft. Aus dem lehmigen Material des ersten Aushubs formten die Kinder kleine Sinngaben, die sie auf Altar und Esstafel stellten.

Die Reichhaltigkeit der Esstafel ergibt sich aus den Köstlichkeiten, die jeder mitbringt. Die Mahlzeiten beginnen immer gemeinsam mit einem Lied, einem Tischspruch und einer Dankzeremonie. Die Rundumversorgung mit heißem Tee hebt die Laune bei solch einem wechselhaften Wetter spürbar.

(Björn Ulbrich)

120

Geschaute Ewigkeit – der Queste Ruf

Durch alle Zeiten und über alle politischen Wirrnisse hinweg hat sich in dem 350-Seelen-Dorf Questenberg (Kreis Sangerhausen am Südrand des Harz) ein uralter Brauch erhalten: das Questenfest. Keine politische Instrumentalisierung oder christliche Bedrängung konnte die Bewohner des Ortes abhalten, ihr jährliches Ritual durchzuführen.

Die Queste, die in ihrer Form an das Keltenkreuz erinnert, steht inmitten einer Wallburg, die auf das 6. Jahrhundert v.d.Z. datiert wird. Das Questenfest, bei dem es sich um einen archaischen Sonnenkult handelt, dauert vier Tage und findet seinen Höhepunkt am Morgengrauen des Pfingstmontags.

In aller Frühe, eingeleitet durch ein Trompetensignal, begeben sich die Mitglieder des Questenvereins zur Queste und nehmen den Kranz des Vorjahres ab. Dies geschieht in aller Stille. Der Schmuck des vergangenen Jahres wird verbrannt und die Questenmannschaft tritt in den Kreis des Kranzes: „Sonne ist Licht, Sonne ist Leben … um nach altem Brauch unser gemeinsames Nachtmahl einzunehmen, aber vor allem die aufgehende Sonne zu begrüßen und zugleich auch unsere Liebe zur Heimat zu bekunden … sowie auch derer zu gedenken, die in diesem Jahr nicht mehr unter uns weilen."

Vom Ritterschlag zuckender Blitze
Geadelt, von Stürmen verschont,
Im dämmernden Morgen die Queste
Auf knochigem Felsgrund thront.
Verwurzelt im Kosmos der Träume,
In Weiten, gemieden vom Tod,
Steht sie, über Sinne gebietend,
Vom steigenden Licht umloht.

Hier endet die Welt, deren Antlitz,
Am Wolkensaum blutend zerrinnt,
Das Reich eines heiligen Erbes
Im Schatten der Queste beginnt
Und ostwärts, in züngelnder Flamme,
Räume von Sternen durchwebt,
Sich neue verwunschen Täler,

Die Questenmannschaft nimmt danach im Kranz sitzend das Nachtmahl ein, bestehend aus Sauerkraut und Brot, welches im Kreis herumgereicht wird, wobei das Sauerkraut mit den drei Schwurfingern der rechten Hand aus dem Topf gefischt wird. Danach gibt es Wurst und Doppelkorn. Gegen 4 Uhr erwartet man gemeinsam am Rand des Felsens den Aufgang der Sonne und begrüßt singend das Werden des neuen Tages. Derweil liegen einige Pärchen am Rand des Geschehens und schlafen den Rausch der letzten Tage aus. Gegen 11 Uhr gibt es im Dorf einen Gottesdienst, an dem aber nur wenige teilnehmen. „Alte Questenberger erinnern sich noch daran, dass es auch Pfarrer gab, die den Questenbrauch als heidnischen Unfug verdammten."

Gegen 13 Uhr versammelt sich die Questenmannschaft wieder am Kranz. Manchmal wird an dieser Stelle ein neuer Mann in die Gemeinschaft aufgenommen, indem er über seine Pflichten belehrt wird, einen Eid leisten muss und dann als Besiegelung drei Schläge mit der Rute auf sein Hinterteil bekommt.

Jetzt werden der Kranz und die Quasten mit neuem, frischem Birken- und Buchengrün verziert. Gegen 16 Uhr besteigen drei Männer den Stamm, wobei der Jüngstverheiratete dabei sein muss. Zuerst wird der Lebensbuschen auf die Spitze des Stammes gesteckt, dann der zentnerschwere Kranz wieder am etwa zehn Meter hohen Eichenstamm hochgezogen und befestigt. „Es entsteht so ein altes vorgeschichtliches Sonnensymbol: das Radkreuz, verbunden mit der ebenso alten Lebensbaumsymbolik ... und einem bäuerlichen Fruchtbarkeitszauber für die kommende Ernte." (Gemeindeverwaltung Questenberg)

(Björn Ulbrich)

Danksagung

Dieses Buch wäre nicht entstanden ohne die Vorarbeit vieler Menschen, die ihre Gedanken zum Thema beitrugen – in ihren Schriften, ihrer Ritualarbeit, durch ihre Fotos, aber auch in der Diskussion oder einfach durch gutes Vorbild.

Unser Dank gilt Helge Folkerts, Annette Ki Salmen, Cambra, Brandolf Höß, Roland Kreisel & Eveline Grander, Daniel, Frank Cebulla, Datura Belladonna, Peter Kiessling, Sabine Friesch & Blumenschule Schongau, Voenix, Heike Fuhsy, A. Gröger & Georg Lohmann/ZEGG, Mikado Kristine Schütt & Thomas Zerbst, Marion Kruhm. Besonderer Dank gilt dabei den Personen, die den Mut hatten, ihre persönlichen Fotos und Aufzeichnungen für eine Veröffentlichung zur Verfügung zu stellen und unsere Tröstung all denjenigen, die zwar Texte und Fotos einreichten, wir diese aber aus Platzmangel nicht berücksichtigen konnten.

Bei allen Nichtgenannten und Nichtbedachten möchten wir uns vorsorglich entschuldigen, ebenso dafür, dass wir ein paar Abbildungen verwendet haben, deren Urheber wir trotz intensiver Suche und Recherche nicht ausfindig machen konnten. Berechtigte Honoraransprüche wird der Verlag in branchenüblichem Rahmen erstatten.

Gerne nehmen wir Hinweise und Verbesserungsvorschläge entgegen und freuen uns über mutige und kreative Personen und Gruppen, die ihr Ritual in einer zweiten Auflage dieses Buches in Wort und Bild vorstellen möchten.

Für unsere nächsten Projekte rufen wir zur Mitarbeit auf:

- Jugendleite, Jugendweihe, Pubertätsriten, Initiationen, Mondblutfeiern, ...
- Totenleite, Totenehrung, ...
- Erntedank, Samhain, Ahnengedenken, ...

Bitte nehmen sie Kontakt zu uns auf.

Romana & Björn Ulbrich

Verwendete Literatur

Botheroyd, Sylvia und Paul: Lexikon der keltischen Mythologie; Diederichs.
Braem, Harald: Magische Riten und Kulte; Heyne.
Budapest, Zsuzsanna E.: Das magische Jahr; Sphinx.
Kraus, Jörg: Metamorphosen des Chaos; Königshausen & Neumann.
Le Roux, Francoise & Guyonvarc'h, Christian-J.: Die Hohen Feste der Kelten; Arun.
Martin, Arno: Naturerwachen und Wiedergeburt; Verlag Zeitenwende.
Matthews, John: The Quest for the Green Man; Quest Books.
Neményi, Géza von: Die Wurzeln von Weihnacht und Ostern; Kersken-Canbaz-Verlag.
Preußler, Otfried: Krabat, dtv.
Rätsch, Christian: Naturverehrung und Heilkunst; Verlag Bruno Martin.
Rätsch, Christian: Walpurgisnacht; AT-Verlag.
Schillinger, Claudia: Fränkische Osterbrunnen; BVB.
Schuldes, Bert Marco: Psychoaktive Pflanzen; Werner Pieper - Der Grüne Zweig 164.
Storl, Wolf-Dieter: Die Pflanzen der Kelten; AT-Verlag.
Walker, Barbara: Das geheime Wissen der Frauen; Arun.
Zingsem, Vera: Der Himmel ist mein, die Erde ist mein; Klöpfer & Meyer.
www.brauchtumsseiten.de

Romana & Björn Ulbrich

Dein Name sei...

Rituale und Zeremonien zu
Geburt und Namensgebung
128 S., vierfarbig,
A4, Broschur
ISBN 978-3-935581-14-1
19,95 Euro

Björn Ulbrich
Holger Gerwin

Die geweihten Nächte

Rituale der stillen Zeit
Ein Ratgeber für
Weihnachten
128 S., vierfarbig,
A4, Broschur
ISBN 978-3-935581-89-9
19,95 Euro

Björn Ulbrich
Holger Gerwin

Die Hohe Zeit

Rituale und Zeremonien
für Hochzeit, Lebensbund
und Familie
128 S., vierfarbig,
A4, Broschur
ISBN 978-3-935581-79-0
19,95 Euro

Ulla Janascheck
Morag MacAuley
Markus Reinheimer

Kessel Ofen Feuer

Köstliche Rezepte zum Feiern der Jahreskreisfeste
136 S., vierfarbig,
A4, Broschur
ISBN 978-3-935581-77-6
19,95 Euro

Helge Folkerts

Frauenkreise

Feste, Feiern, Rituale
um die Heilige Mitte
128 S., vierfarbig,
A4, Broschur
ISBN 978-3-935581-66-0
19,95 Euro

Helge Folkerts

**Spirale, Kreis
und Lebenstanz**

Die Magie der Symbole
128 S., vierfarbig,
A4, Broschur
ISBN 978-3-86663-016-1
19,95 Euro

www.arun-verlag.de